集体协商
职工代表大会工作
实务操作手册

上海市总工会◎编

中国工人出版社

本书编委会

主　编　黄　红

副主编　张得志　郭　箐

编　委　周永宝　黄　琦　张　敏

王珍宝　庄若冰　汪思齐

金邓凯　王　晶　张　辉

冷　辉

前言

中国特色社会主义进入了新时代。党的十八大以来，以习近平同志为核心的党中央对推动企事业单位民主管理工作提出了新的更高要求，把落实职工的民主政治权利作为落实以人民为中心发展思想的具体体现，作为发展人民当家作主社会主义民主制度的重要举措，作为新发展理念中改革发展成果由人民共享的生动实践，作为促进企业发展、维护职工合法权益、实现社会和谐稳定的重要制度安排，贯穿于全面深化改革始终。

集体协商、职工代表大会是我国协商民主制度的重要组成部分，也是工会维护职工群众权益、促进企事业单位发展、构建和谐劳动关系的重要工作抓手。基于基层企事业单位的实际需求和广泛呼声，在总结梳理和借鉴吸收历年推进集体协商和职工代表大会工作经验的基础上，我们组织力量专门编写《集体协商、职工代表大会工作实务操作手册》一书，以期更好地指导广大基层单位规范运作集体协商和召开职工代表大会，为构建和谐劳动关系贡献积极力量。

经过一年多的编撰和打磨，书稿终于在近期完稿。本书是一部关于集体协商和职工代表大会工作的工具书。全书由四部分组成：第一部分是企业集体协商工作，第二部分是企事业单位职工代表大会工作，第三部分是区域性、行业性集体协商与职工代表大会工作，第四部分是相关法律法规和政策文件。前三部分是本书的主体内容，分别先引用上海市总工会关于集体协商和职工代表大会工作的工作规范，然后从基层单位在实践工作中遇到的疑难问题入手，以问答体的形式做了相应的回答，再从注重实用性与可操作性的角度，提供了工作流程图，还精选了部分工作模板。希望本书能对基层单位推进集体协商和职工代表大会工作提供帮助。参加本书编写的除编委会成员外，还有杨洁、杨莹、张芳、池朝霞、裘伟、吴碧丽、王华生、李军、何敏、沈美娟、叶赛琴等。

本书在编写过程中，得到了上海市总工会的相关部门及各区局（产业）工会、上海工会管理职业学院等各级领导的关心和帮助，同时参考和借鉴了部分书籍和基层企事业单位的相关材料，在此一并深表感谢！由于水平有限，书中难免有疏漏或不当之处，恳请广大工会工作者和读者批评指正。

编 者

2020 年 9 月

目录

CONTENTS

第四部分 相关法律法规和政策文件

第一部分

企业集体协商工作

第1章　上海市企业集体协商工作规范

为进一步规范本市企业集体协商工作，提高集体协商针对性和实效性，切实发挥集体协商制度在构建和谐劳动关系中的积极作用，依据《上海市集体合同条例》等相关法律法规和政策规定，结合基层工作实际，特制定本工作规范。

一、总　则

（一）定义

1. 集体协商是指企业职工一方与企业就劳动关系有关事项进行平等协商的活动。

2. 集体合同是指企业职工一方与企业就劳动关系有关事项，通过集体协商签订的书面协议。

（二）适用范围

1. 本市行政区域内的企业；

2. 经企业法定代表人同意的企业分支机构；

3. 个体经济组织、民办非企业单位等组织。

（三）集体协商工作原则、规则

1. 企业职工一方与企业就劳动关系有关事项进行集体协商和签订、履行集体合同应当遵循合法、公正、平等、相互尊重、诚实守信、兼顾双方合法利益的原则。

2. 在进行集体协商期间，企业及其职工应当维护本企业正常的生产、工作秩序，不得采取法律法规规定的禁止行为。

3. 集体协商应当每年至少举行一次，遇有特殊情况，可临时增加协商次数。

4. 协商一致，可以形成集体合同草案，并经本企业全体职工代表或全体职工过半数同意，方获通过。

5. 集体合同（专项协议）期限一般为一至三年，工资专项集体合同期限一般为一年。

6. 企业如遇到合并、分立、重组等情形的，合并、分立、重组后的企业应就集体合同继续履行事宜，与企业工会进行协商。协商一致的，原集体合同可以继续履行；协商不一致的，企业与企业工会应当就与劳动关系有关的事项重新开展集体协商。

7. 集体合同约定的劳动条件、劳动报酬等标准不得低于国家和本市人民政府规定的最低标准。企业与职工个人签订劳动合同约定的劳动条件和劳动报酬等标准，或者企业规章制度规定的劳动条件和劳动报酬等标准，不得低于本企业集体合同的相关规定。

二、集体协商代表

（四）代表的构成

1. 企业与职工双方依法产生各自的协商代表和首席代表。每方协商代表人数不得少于三人，企业方协商代表人数不得多于职工方协商代表。

2. 职工方协商代表结构合理，有基层一线协商代表；女职工比例较高的企业，应有女性协商代表。

3. 集体协商双方可根据实际需要聘请本企业以外的专业人员担任本方协商代表，但其人数不得超过本方协商代表人数的三分之一。

（五）代表的任期

1. 协商代表履行代表职责的期限，由被代表方确定，但最长至集体合同期满时为止；

2. 因集体协商达不成一致或者未能签订集体合同的，协商代表履行代表职责的期限为自担任协商代表起六个月。

（六）代表的产生

1. 职工方协商代表可以由企业工会选派，也可以由企业工会委员会讨论研究后决定，或者由企业职工代表大会选举产生。首席代表应由企业工会主要负责人担任。

2. 企业方的协商代表由企业法定代表人指派。首席代表由法定代表人或者其书面委托的人担任。

3. 双方协商代表产生后，向全体职工进行公示。

（七）职工方协商代表的变更

职工方协商代表出现下列情形之一的，应按照代表产生程序更换：

1. 协商代表因退休、离职或因病、因事等原因不能继续履行协商代表职责的；

2. 协商代表因严重违反用人单位规章制度或被依法追究刑事责任等原因，被用人单位依法解除劳动合同的；

3. 协商代表有不履行协商代表职责，不遵守集体协商纪律等情况的。

（八）代表的职责

1. 参加集体协商；

2. 搜集与集体协商有关的情况和资料；

3. 听取本方人员的意见，回答本方人员的询问；

4. 参加集体协商争议的处理；

5. 其他需要履行的集体协商职责。

（九）代表的义务

1. 维护企业正常的生产、工作秩序；

2. 保守在集体协商过程中知悉的企业的商业秘密；

3. 遵守集体协商双方约定的纪律，不散布协商过程中不宜外传的信息。

（十）代表的保护

1. 企业应为协商代表履行职责提供必需的工作条件，确保职工方协商代表在履职期限内有不少于三个工作日的工作时间，从事搜集与此次集体协商有关资料等活动；

2. 职工一方的协商代表在履行代表职责期间，企业无正当理由不得变更其工作岗位。

三、协商的内容和参考因素

（十一）集体协商内容

企业在制定、修改或者决定下列直接涉及职工切身利益的规章制度或者重大事项时，应当与本企业职工一方进行集体协商后确定：

1. 劳动报酬；
2. 工作时间；
3. 休息休假；
4. 劳动安全卫生；
5. 保险福利；
6. 女职工权益保障；
7. 职工培训；
8. 劳动纪律；
9. 劳动定额；
10. 法律法规规定的其他内容。

（十二）工资专项集体协商内容及参考因素

1. 工资集体协商内容

（1）工资分配制度、工资标准、工资分配形式和工资支付办法；

（2）职工年度平均工资水平的调整幅度；

（3）奖金、津贴、补贴等分配办法；

（4）加班工资以及试用期、病假、事假等期间的工资待遇；

（5）双方认为应当协商的其他工资事项。

2. 工资集体协商参考因素

（1）区域或行业人工成本水平；

（2）全市及区域或行业职工平均工资水平；

（3）企业工资增长指导线和劳动力市场工资指导价位；

（4）最低工资标准；

（5）城镇居民消费价格指数；

（6）与工资集体协商有关的其他因素。

（十三）女职工专项集体协商内容

1. 就业机会；

2. 职业发展；

3. 同工同酬；

4. 生育保护；

5. 预防、制止职场暴力和性骚扰；

6. 与女职工有关的其他事项。

（十四）劳动安全卫生专项集体协商内容

1. 职工安全教育培训；

2. 生产安全事故隐患治理；

3. 职业危害因素预防改进措施；

4. 改善生产条件和劳动环境；

5. 安全生产费用提取和使用；

6. 劳防用品发放和使用；

7. 与劳动安全卫生有关的其他事项。

四、协商的过程

（十五）发出要约

1. 集体协商双方的任何一方可以向对方以书面形式提出进行集体协商的建议。工会应当代表职工一方向企业一方提出集体协商建议书；企业一方建议开展集体协商的，应当向本企业工会提出。

2. 集体协商建议书的内容一般包括拟协商的议题、时间、地点和参加协商的代表基本情况等信息。

3. 另一方在收到集体协商建议书之日起十五日内应当给予书面答复，拒绝集体协商的，应当有正当的理由。

（十六）协商准备

1. 自双方同意集体协商之日起十五日内产生协商代表，并书面告知对方。

2. 确定职工方协商代表的各自分工，并对其进行有针对性的教育培训。

3. 工会或职工方协商代表应积极开展集体协商宣传动员，征集协商议题或收集职工诉求和意见，并覆盖一定比例的职工。

4. 在广泛征求职工和企业方的意见基础上，双方共同制定协商方案，确定协商议题，明确协商重点。

5. 企业方要根据职工方提出的要求，向职工方提供与集体协商有关的数据及资料。涉及商业秘密的，应依法采取保密措施。

6. 企业工会可以将协商准备阶段的基本情况向上一级工会进行预报。

7. 协商双方共同协商推荐一名记录员，负责会议记录，但不得担任协商代表。

8. 其他需要准备的工作。

（十七）正式协商

1. 集体协商会议由协商双方首席代表轮流主持。

2. 由主持人或记录员宣布协商议程、协商规则和协商纪律。

3. 提出协商议题的一方应当就议题的具体内容、理由依据，以及解决方案作出详细说明。

4. 双方就协商议题各自发表意见，展开充分讨论。一方可以就另一方提出的议题作出回应，提出修改的意见建议，并说明依据和理由。

5. 双方首席代表归纳协商意见，就协商一致的内容共同确认，并记录在案。对形成共识的集体合同草案、专项集体合同草案或集体协商纪要等文件，由双方首席代表签字；未形成共识的，双方可以暂时中止协商，并确定下一次协商的时间、地点和内容。协商中止期限最长不超过 30 天。

6. 每次集体协商会议要做好会议记录，协商双方首席代表和记录员应当在会议记录上签字。

（十八）合同生效

1. 经职工代表大会（职工大会）通过的集体合同草案，由企业方负责将双方首席代表签字确认的集体合同文本以及相关材料报送相应人力资源社会保障部门。人力资源社会保障部门自收到集体合同文本之日起十五日内未提出异议的，集体合同即行生效。

2. 集体合同生效后，由企业方采取适当方式及时向全体职工公布。

五、争议处理

（十九）协商过程中的争议处理

1. 职工一方或者企业一方无正当理由拒绝或者拖延另一方的集体协商要求，或者双方在集体协商过程中不能达成一致或者不能签订集体合同的，职工一方可以提请上级工会、企业一方可以提请企业方面代表进行指导。经指导仍未能达成一致的，集体协商的任何一方可以提请人力资源社会保障部门进行协调处理。

2. 对无正当理由拒绝或者拖延集体协商的企业，市和区总工会可以视情况作出整改意见书，要求企业予以改正。企业拒不改正的，按照本市公共信用信息管理的相关规定将该信息纳入市公共信用信息服务平台。

（二十）履约过程中的争议处理

集体合同履行中发生争议的，企业工会应及时向企业提出，并协商解决；经协商解决不成的，工会可以依法申请劳动仲裁、向法院提起诉讼。

六、工作制度

（二十一）日常协商制度

企业与企业工会应建立日常沟通协商制度，就涉及职工切身利益的事项开展应急、应需的协商协调。协商结果应形成书面记录，并及时向全体职工公布。

（二十二）履约监督制度

企业应结合自身实际，每年至少一次组织双方协商代表和职工代表大会的代表，共同对企业集体合同履行情况进行巡视检查。对检查中发现的问题，企业工会要督促企业及时整改，并将履约和整改的情况向职工代表大会报告，接受职工代表的审议。

（二十三）质效评价制度

企业应建立集体协商质效评价制度，围绕职工知晓度、参与度和满意度，以及企业劳动关系整体状况，客观评价企业集体协商工作质量和效果。

（二十四）档案管理制度

企业和企业工会应建立健全本企业的集体协商档案管理制度，对每一次协商所涉及的要约书、应约书、协商代表信息表、公示材料、委托书、协商会议记录、工作记录、职代会相关文件、集体合同文本等相关资料做到完整保存、全面留痕，逐步提高集体协商档案管理工作的规范化、制度化。

七、附　则

（二十五）本规范由上海市总工会负责解释。

上海市总工会

2019 年 6 月 17 日

附件：上海市企业集体协商提质增效评价标准表

附件：

上海市企业集体协商提质增效评价标准表

项目	子项目	标准	信息来源（供参考）
协商主体	1. 职工方代表	职工方协商代表通过一定民主程序产生，向全体职工公示	职代会记录等文件或公示材料
		职工方协商代表结构合理，有基层职工代表	协商代表信息表
		女职工总数超过本企业用工一定比例的，应有其协商代表	协商代表信息表
		工会主要负责人担任职工方首席协商代表；未建工会的由上级工会指导职工民主推荐产生	职代会记录或公示材料
		建立并实施职工方协商代表述职、质询、评议、撤换等制度	有关制度性文件
	2. 企业方代表	企业主要负责人担任企业方首席协商代表或由其书面委托其他负责人担任	协商代表信息表或委托书
	3. 代表履职	协商代表正常参加集体协商会议；职工方协商代表在协商中据理陈述，履职尽责	协商会议记录
协商内容	4. 内容	集体合同文本各条款可操作性强	集体合同文本
		集体合同符合企业实际，能够体现本企业特色	集体合同文本
		最低工资标准、工作时间、休息休假、劳动安全卫生保护、女职工权益、社会保险、职业技能培训等方面约定的权益保障水平优于法律规定	集体合同文本
		涉及工资调整幅度的约定符合当地工资指导线的要求，增长幅度与本企业整体发展相协调；涉及工资水平的约定与劳动力市场供求关系和企业劳动生产率相适应	集体合同文本
		每次协商至少解决1个本企业职工最关心的劳动报酬、工作时间、休息休假、劳动安全卫生、女职工权益或保险福利方面的问题	协商会议记录或集体合同文本
		每次协商至少解决1个有助于企业和职工共同发展的劳动相关问题（如职工技能提升、人才队伍稳定、发明创造奖励、技能参与分配等）	协商会议记录或集体合同文本

续表

项目	子项目	标准	信息来源（供参考）
协商内容	4. 内容	协商代表提出的各方面诉求有一半能达成一致，落实到集体合同中	协商会议记录或集体合同文本
协商程序	5. 要约 / 准备	协商要约和应约均采用书面形式且时间、内容、格式等符合相关规定	要约书和应约书
		协商代表经过相关培训	培训教材、培训签到表、培训记录等
		工会或职工方协商代表开展集体协商宣传动员，征集协商议题或调查各类职工的诉求和意见，覆盖一定比例的职工	相关工作记录及反馈意见
		协商双方制定协商方案，明确协商重点	方案文本
		以劳动报酬为主要内容的专项集体协商每年至少开展一次，签订工资专项集体合同	集体合同草案文本
		企业为职工方协商代表履行职责提供必需的工作条件和工作时间，依法落实保障职工方协商代表履行职责的相关规定或措施	协商会议方案及职工方代表反馈
		职工方协商代表收集本地区最低工资标准、工资指导线、人力资源市场工资指导价位以及主要岗位（工种）的市场工资水平等数据，认真分析和有效利用相关数据、资料	有关分析材料
		工会在开展正式协商前向上级工会进行预报	有关报告材料
		共同推荐一名记录员	协商会议记录
	6. 协商 / 签约	协商会议原始记录详尽、准确且经双方首席代表、记录员签字	协商会议记录
		协商过程顺利或者协商过程中难以达成一致意见时能够主动争取上级工会和有关部门指导、协调，以合法方式解决分歧	沟通记录
		协商一致并签订集体合同；集体合同及时续签	集体合同草案文本
		双方应急、应需开展日常协商协调，结果形成书面记录	相关文字材料

续表

项目	子项目	标准	信息来源（供参考）
协商程序	7. 合同生效	集体协商进展通过恰当方式向职工通报	通报文本或会议记录
		职工代表大会（职工大会）审议通过集体合同（含专项集体合同）草案	职代会相关文件
		将集体合同报送人力资源社会保障部门	有关材料
		企业方及时采取书面形式向职工公布生效的集体合同，采用其他形式公布的应留存有关图文资料	有关图文资料
合同履行及效果	8. 合同履行	企业至少每年开展一次集体合同履行情况的监督检查，对发现的问题及时沟通	相关文件或规定
		企业至少每年向职代会报告一次集体合同履行情况	职代会相关文件
		企业对集体合同履行情况监督检查反映的问题有改进办法和措施	工作记录及反馈意见
		集体合同中有针对履行监督检查的条款，或专门制定集体合同履行的实施办法，主体明确，责任明晰	相关文件或规定
		集体合同能够完全履行或经协商调整后履约率达到 100%	集体合同、报表及工作总结
	9. 协商成效	职工法定权益得到有效保障（五险一金、加班费的计算基数和比例，带薪年休假等）	集体合同文本
		未发生集体劳动争议	相关报告或记录
		在行业市场未发生大的改变的情况下，企业劳动生产率稳步提高	报表
		在企业未有特殊情况下，职工自然离职率不高于集体协商之前的水平或不高于同行业企业平均水平	有关材料

续表

项目	子项目	标准	信息来源（供参考）
综合评价	10. 职工知晓度	对集体协商建制、集体协商进展、集体协商结果、集体合同履行情况的了解程度的评价	问卷
	11. 职工参与度	参与选举协商代表、向协商代表反映意见建议的评价	
	12. 职工满意度	对协商代表履职尽责、集体协商结果及集体合同落实情况的满意度评价	
	13. 企业认可度	对集体协商结果及落实情况的评价得分	

第 2 章 | 企业集体协商工作知识问答

1. 什么是集体协商和集体合同？集体协商和集体合同的关系是怎样的？

集体协商是指企业职工一方与用人单位就劳动报酬、工作时间、休息休假、劳动安全卫生、保险福利、职工培训、劳动纪律以及劳动定额管理等直接涉及劳动者切身利益的规章制度或者重大事项依法进行平等协商的行为。

集体合同是指企业职工一方与用人单位就劳动报酬、工作时间、休息休假、劳动定额管理等直接涉及劳动者切身利益的规章制度或者重大事项依法通过集体协商签订的书面协议。

集体协商是劳动关系双方就彼此之间的权益及双方关注的相关事宜进行沟通、交涉、协调和共决的过程，也是订立集体合同的法定必经程序和实现方式。集体合同是劳动关系双方协商达成一致的成果体现，通常以书面协议形式订立。集体协商的水平直接影响着集体合同的质量。

2. 集体协商、集体合同可分为哪些类型？

一是从集体协商、集体合同覆盖范围来划分，可分为企业、区域性和行业性三大类。

企业集体协商：是企业方与本企业工会或者推选产生的职工代表，依照国家法律法规，就劳动报酬、工作时间、休息休假、劳动安全卫生、职业培训、保险福利等事项开展集体协商，签订适用本企业的集体合同。

区域性集体协商：是以小微企业较为集中的街道（乡镇）、经济开发区、工业（科技）园区、商业区、商务楼宇等为单位，由区域工会组织与相应的区域企业组织（或区域内企业方推选产生的代表），依照国家法律法规，就劳动报酬、工作时间、休息休假、劳动安全卫生、职业培训、保险福利等事项开展集体协商，在协商一致的基础上，签订适用区域范围内的集体合同。

行业性集体协商：是在生产经营业务相同或相近企业的区域，由行业工会组织代表职工（或由行业所在区域工会选派职工方代表）与同级企业代表组织（或企业代表），依照国家法律法规，就劳动报酬、工作时间、休息休假、劳动安全卫生、职业培训、保险福利等事项开展集体协商，在协商一致的基础上，签订特定行业（职业）范围内适用的集体合同。

二是从集体合同所涉及的内容来划分，分为综合性集体合同和专项集体合同，专项集体合同的主要内容包括工资调整机制、劳动安全、女职工权益保护等。

3. 集体合同和劳动合同有什么区别？

集体合同有别于劳动者个人与企业签订的劳动合同。集体合同是为了解决劳动者在劳动过程中共同关注的问题，维护劳动者集体利益的同时也维护了劳动者个体的利益。因此，劳动合同是在微观层面上调整劳动关系，而集体合同是在中观层面上调整劳动关系。所以集体合同与劳动合同相比具有明显的不同之处，主要有六个方面：

（1）主体不同。劳动合同当事人是单个劳动者和用人单位；集体合同当事人是劳动者团体和用人单位或其团体，故集体合同又称团体协约或团体合同。

（2）目的不同。签订劳动合同的主要目的是劳动者个人与用人单位确立劳动关系，明确双方权利义务；通过由双方当事人之间建立劳动关系，运用合同制度实现和保护当事人的权利和义务。签订集体合同的主要目的是为确立劳动关系设定具体标准，以进一步规范劳动关系，从而更好地维护劳动者整体利益，调整和改善劳动关系，促进企业和全体劳动者共同发展。

（3）程序不同。集体合同在协商主体、协商程序、职工代表大会审议程序、报送行政部门审查等方面都有严格的规定；而劳动合同的程序性规定相对简单，当事人可以采取各种方式自行协商，意思表示一致即可签订劳动合同。

（4）内容不同。劳动合同以单个劳动者的权利义务为内容，一般包括劳动关系的各个方面；集体合同以集体劳动关系中全体劳动者的共同权利和义务为内容，可以涉及劳动关系的各个方面，也可以只涉及劳动关系的某一方面，如专项集体合同。

（5）效力不同。劳动合同对单个劳动者和用人单位有法律效力；集体合同对签订合同的用人单位及其单位全体职工都具有法律效力。职工个人与用人单位签订的劳动合同中，劳动条件和劳动报酬等标准不得低于集体合同的规定。一般情况下，集体合同优先适用，从而使职工获得比劳动合同更好的劳动条件。但是，当劳动合同约定的劳动条件、劳动标准等高于集体合同时，就适用劳动合同的规定。

（6）生效程序不同。劳动合同由双方当事人签字确认即生效，集体合同签订后还应当报送人力资源社会保障部门，由人力资源社会保障部门对集体合同进行审查，人力资源社会保障部门自收到集体合同文本之日起十五日内没有提出异议的，集体合同才能生效。

4. 集体合同有什么特殊功能？

在保护劳动者权益和协调劳动关系方面，集体合同具有劳动法律法规和劳动合同所无法取代的功能。一方面，集体合同可以弥补劳动立法的不足。劳动立法关于劳动者的利益标准属于基本标准，只能对劳动者起到底线保护作用。这是立法的局限性。同时，劳动立法关于劳动者利益和协调劳动关系的规定一般都是原则性规定，相比于复杂多变的劳动关系而言难免有所滞后。通过集体合同，可以对劳动立法所做出的原则性规定具体化，做出高于法定标准的约定，从而使劳动者利益保护的水平能够高于法定标准。另一方面，集体合同可以弥补劳动合同的不足，单个劳动者相对于用人单位而言一般处在弱势地位，不足以与用人单位抗衡。由工会代表全体劳动者签订集体合同，就可以与用人单位平等协商，能较好地维护职工的整体权益。

5. 什么是集体协商代表？集体协商代表如何产生？

集体协商代表是由企业一方与职工一方各自选派，就劳动关系有关事项进行集体协商的人员。

已经建立工会的企业，职工一方的协商代表由本企业工会选派，建立女职工委员会的，应当有女性协商代表。首席代表由工会主要负责人担任。尚未建立工会的企业，职工一方的协商代表由上级工会指导职工民主推荐，并经本企业半数以上职工同意，首席代表由协商代表民主推荐产生。

企业一方的协商代表由企业法定代表人指派，首席代表由法定代表人或者其书面委托之人担任。

集体协商双方根据实际需要可以聘请本企业以外的专业人员担任本方协商代表，但其人数不得超过本方协商代表人数的三分之一。

6. 什么是首席协商代表？首席协商代表如何产生？

首席协商代表是集体协商双方各自推选的本方对集体协商进程起主导作用的协商代表，其主要任务是在集体协商期间主持协商会议，负责集体协商有关组织协调工作，并对协商过程中发生的问题提出处理建议、签署集体协商会议纪要或集体合同文本等。

职工一方的首席协商代表由本单位工会主席担任，工会主席可以书面委托其他协商代表代理首席协商代表。未建立工会的，职工一方的首席代表从协商代表中民主推举产生。

企业一方的首席代表由单位法定代表人担任或由其书面委托的其他管理人员担任。双方首席协商代表均不得由非本单位人员代理。

7. 委托企业外人员担任协商代表时应注意哪些问题？

在委托本企业外的人员担任协商代表时应注意以下几点：

（1）被委托的人员应能弥补本方协商代表知识结构的不足；

（2）要采取书面委托形式；
（3）委托人数不能超过本方全部代表的三分之一；
（4）被委托的人员不能担任首席代表。

8. 集体协商代表有哪些权利和义务？

集体协商代表拥有的权利：
（1）参加集体协商；
（2）搜集与集体协商有关的情况和资料；
（3）听取本方人员的意见，回答本方人员的询问；
（4）参加集体协商争议的处理；
（5）其他需要履行的集体协商职责。
集体协商代表应履行的义务：
（1）维护企业正常的生产、工作秩序；
（2）保守在集体协商过程中知悉的企业的商业秘密；
（3）遵守集体协商双方约定的纪律，不散布协商过程中不宜外传的信息。

9. 保护职工方协商代表有哪些特殊规定？

根据《上海市集体合同条例》第 10 条中规定：本企业产生的协商代表在工作时间内参加集体协商，以及在履职期限内利用不超过三个工作日的工作时间，从事搜集与集体协商有关资料等活动，视为提供了正常劳动，工资及各项福利不受影响。职工一方的协商代表在履行代表职责期间，企业无正当理由不得变更其工作岗位。

10. 上级工会在集体协商工作中的职责是什么？

根据《上海市集体合同条例》第 19 条中规定：上级工会应当指导职工一方与企业进行集体协商，可以派员观察职工一方与企业的集体协商活动，或者按照本条例第 7 条的规定受聘担任职工一方的协商代表。

11．开展集体协商、签订集体合同一般包括哪些程序与步骤？

开展集体协商一般包括以下八个步骤：一是产生集体协商代表。二是提出协商要约。三是做好协商准备，具体包括开展宣传教育、熟悉有关法律法规、搜集了解与集体协商有关的情况和资料、充分征求职工的意见、人员的分工准备、制定集体协商实施方案等方面的工作。四是正式开展集体协商，主要包括召开协商会议、起草合同文本等方面。五是职工（代表）大会审议通过。六是首席代表签字。七是报送人力资源社会保障部门备案审查。八是公布实施。

在开展集体协商过程中，还可以在依法合规的前提下，结合具体的协商需要，增加一些更具特色、更切合实际的程序，从而进一步增强协商程序的针对性和实效性。

12．什么是集体协商要约？集体协商要约如何提出？

集体协商要约，是指企业劳动关系主体的任何一方，就依法开展集体协商和签订集体合同以及协调劳动关系的相关事宜，以书面形式向对方提出进行集体协商要求的行为。提出集体协商要约，是开展集体协商和签订集体合同的法定程序。

集体协商双方的任何一方均可以向对方以书面形式提出进行集体协商的建议。另一方在收到集体协商建议书之日起 15 日内应当给予书面答复，拒绝集体协商的，应当有正当的理由。

企业工会提出协商要约有困难的或在其他特殊情况下，其上级工会可依法代替基层工会向企业提出协商要约。工会提出协商要约后，企业方不按期回应或拒绝进行集体协商的，上级工会应依法下达“整改建议书”，提出整改建议；对逾期不改正的企业，工会可以提请人力资源社会保障部门责令其改正，直至追究其行政或法律责任。

13．职工方协商代表在正式协商前应做好哪些准备工作？

（1）宣传教育。通过各种途径和形式，大力宣传集体协商的重要意义，宣传集体协商的基本知识和有关规定，提高企业经营管理人员和广大职工的认知度，形成共识，为开展集体协商奠定坚实的思想基础。

（2）熟悉有关法律法规。在开展集体协商前，集体协商代表应当认真学习、了解与集体协商有关的法律法规、规章和制度，如《劳动法》《工会法》《劳动合同法》《上海市职工代表大会条例》《集体合同规定》等，为集体协商提供法律支撑。

（3）搜集了解与集体协商有关的情况和资料。进行集体协商时，需要用事实和数据说话，故应当搜集了解与集体协商有关的情况和资料，如当地政府发布的工资指导线、劳动力市场工资指导价位、最低工资标准、城镇居民消费价格指数等；还应当搜集了解企业内部的信息资料，如企业的劳动生产率、经济效益、财务状况等。搜集信息资料的主要方法包括：查询有关档案、资料；走访有关部门、物价部门、人力资源社会保障部门等；向有关管理人员咨询，如企业财务人员、人力资源部门人员等。根据规定，在不违反法律法规的前提下，协商双方有义务按照对方要求，实时提供与集体协商有关的真实情况和资料。

（4）充分征求职工的意见。通过召开部分职工座谈意见征询会、网络征询、问卷调查等形式，广泛了解职工群众在切身利益方面的意愿和要求。

（5）人员的分工准备。根据角色分工，对负责阐述的内容做好充分准备，做到协商时有的放矢，观点鲜明。

（6）制定集体协商实施方案。包括集体协商目标、措施、方法、工作日程、协商论据、策略等。

（7）确定集体协商记录员。双方共同确定 1 名非协商代表担任的集体协商记录员。记录员应当保持中立、公正，并切实履行集体协商的保密义务。

14. 为什么说企业方在开展集体协商时有提供企业经营发展等相关信息资料的义务？

在开展集体协商时需要大量的数据资料，其中部分资料可以通过劳动保障行政部门获取。如地区、行业的人工成本水平和职工平均工资水平、政府发布的工资指导线和劳动力市场工资指导价位、本地区的城镇居民消费价格指数等。但有部分数据资料，如本企业的人工成本水平和职工平均工资水平、本企业劳动生产率和经济效益状况、国有资产保值增值率等，必须从企业内部获取。由于资产、经济、劳动力成本等关键信息掌握在企业一方，企业有义务要向协商的职工方予以公开，从而使集体协商能够更好地达到合法公正、平等互信的目的。故法规规定要求在协商开始前的 5 日内，企业方应当向职工方协商代表提供与集体协商有关的真实情况和资料。

15. 工会应如何确定协商议题？

确定集体协商议题是准备工作中的重要环节，它直接关系到集体协商的效果和上一轮集体合同内容的延续，必须科学审慎地对待。

（1）坚持群众路线、深入调查研究。工会要深入基层，通过召开座谈会、问卷调查或直接听取意见等方式，广泛征求职工的意见、要求，了解职工最关心、最直接、最现实的利益问题，使协商议题在形成时充分体现多数职工的意愿。

（2）运用科学方法，做好议题筛选。工会应将职工的意见归纳整理，结合现行政策和企业实际情况进行科学的分析研究并有所选择，确定协商议题。

（3）注重情况交流，加强沟通协商。工会应就协商议题征求企业职能部门的意见，对协商议题做进一步的修改、完善或调整。再由工会负责人与企业行政方进行沟通协调双方的立场和意见，尽可能将职工的要求同企业方的意见统一起来，使协商议题更加切合实际。

16. 职工方集体协商方案如何制定？

制定职工方集体协商方案是协商取得成功的前提和关键。集体协商是工会代表职工而不是代替职工同企业进行协商。因此，必须全面了解和反映职工意愿与要求。工会可通过召开座谈会、问卷调查等方式了解职工的意见和要求；同时，也应向职工介绍有关政策和企业生产经营情况，使职工对协商的诉求趋向合理。

在此基础上，根据收集的资料，做好资料的分析、整理、测算工作，拟订出集体协商方案。在协商方案中，一般制订三个层次目标：（1）争取达到的目标，即最理想的结果。（2）务求达成的目标，也就是预期实现的目标。（3）必须实现的目标，也是最低要求，即协商的底线。这样可以使目标有弹性，增加协商的回旋余地。在制定方案中，还应充分考虑对方可能提出的方案和使用的策略，准备充足的理由和证据，确定协商重点和优先顺序，做到实事求是，考虑企业的承受能力；科学测算，优选方案；讲求策略，有理有利有节；确定目标，实现双赢。

17. 集体协商会议包括哪些基本程序？

集体协商会议基本程序有：（1）宣布议程和会议纪律。（2）一方首席协商代表提出协商的具体内容和要求，另一方首席协商代表就对方的要求做出回应。（3）协商双方就商谈事项发表各自意见，开展充分讨论。（4）双方首席代表归纳意见。（5）达成一致的，应当形成集体合同草案，由双方首席代表签字。协商未达成一致意见或出现事先未预料到的情况时，经双方同意，可以暂时中止协商。协商中止期限最长不得超过 30 天。具体中止期限及下次协商的时间、地点和内容由双方共同商定。

18. 起草集体合同草案应当注意哪些事项？

一般而言，起草集体合同草案应当注意下列事项：（1）集体合同草案的内容应合法。(2)集体合同草案应反映和体现企业实际，不能照抄照搬。(3)集体合同草案应有可操作性，表述要具体明确，便于双方当事人履行。(4)集体合同草案使用概念要准确、严谨，不能使用含混不清或容易发生分歧的概念、术语。

19. 集体合同的审议程序包括哪些?

经双方协商代表协商一致的综合性集体合同草案或专项集体合同草案，应当提交职工（代表）大会讨论审议。职工（代表）大会对草案进行讨论，应当有三分之二以上职工（代表）出席，且须经全体职工（代表）过半数赞成，草案方获通过。

具体程序是:(1)由工会或行政首席代表宣读综合性集体合同草案或专项集体合同草案，并就协议草案的内容作出必要的解释。(2)职工（代表）分组对草案逐条讨论审议。审议内容是否体现了广大职工的意愿和要求、是否有违反法律法规政策及企业规章的有关规定等。(3)召开职工（代表）大会主席团会议，对于职工（代表）所提意见进行归纳整理，作出说明。(4)职工（代表）以无记名投票方式进行表决，表决以全体职工（代表）过半数赞成方为有效。(5)未获通过的草案，双方协商代表择时再次沟通协商，修改有关条款内容，并将修改结果向职工（代表）大会作出说明和解释，并再次经职工（代表）大会讨论审议通过。

20. 集体合同备案应经哪些程序才能生效?

集体合同签订后，应当自双方首席协商代表签字之日起 10 日内，由用人单位一方将文本一式三份报送人力资源社会保障部门审查，人力资源社会保障部门对报送的集体合同应当办理登记手续，人力资源社会保障部门自收到合同文本起 15 日内未提出异议的，集体合同方能生效。

21. 集体合同报送人力资源社会保障部门审查备案时应提交哪些材料?

实践中，将双方签字认可的集体合同报送人力资源社会保障部门审查备案时，用人单位应当提交以下材料：

（1）用人单位基本情况及法人资格证明；（2）双方协商代表材料，首席协商代表的基本情况及协商代表资格证明材料；（3）集体协商记录；（4）职工（代表）大会审议的意见；（5）集体合同文本；（6）对集体协商、签订过程和对集体合同的说明；（7）集体合同附件材料。

22. 集体合同生效后协商双方还应做哪些工作?

集体合同生效后协商双方还应做好如下几方面工作：（1）协商双方应于5日内将已生效的集体合同，通过公示栏、网络平台等形式向企业全体职工公布。（2）依法订立的集体合同对协商双方具有法律约束力，必须认真履行兑现。（3）双方还应对集体合同的履约情况进行监督检查。企业工会应定期组织职工代表对集体合同的履行情况进行监督检查，并将履约情况向下一次职工（代表）大会报告。（4）企业生产经营发生重大变化调整时，双方应当及时沟通协商，适时调整双方的约定，使集体合同的内容更加顺应企业发展实际。

23. 集体协商包括哪些内容?

企业在制定、修改或者决定下列直接涉及职工切身利益的规章制度或者重大事项时，应当与本企业职工一方进行集体协商后确定：（1）劳动报酬；（2）工作时间；（3）休息休假；（4）劳动安全卫生；（5）保险福利；（6）职工培训；（7）劳动纪律；（8）劳动定额；（9）法律法规规定的其他内容。

24. 如何增强集体协商的针对性？

企业协商要针对不同类别、不同岗位职工的不同诉求、分别确定协商内容和协议条款，特别是要明确一线职工、农民工等不同群体的权益标准。要针对女职工特殊保护、劳动安全卫生条件等事项开展专项协商，签订更具针对性的专项集体合同。

25. 已签订的集体合同中包含了有关工资的内容，是否还需要再单独签订工资专项集体合同？

工资专项集体合同和集体合同是局部与全局、单项与综合的关系。工资分配问题是集体协商的核心内容，工资集体协商的结果大多最后形成工资专项集体合同，既可以作为工资事项的专项合同，也可以作为集体合同的附件，与集体合同具有同等的法律效力。企业集体合同期限一般为一年至三年。工资专项集体合同应一年签订一次，并且以自然年度为周期。如果签订的集体合同期限为一年，且集体合同条款中有本年度工资事项具体的量化目标，就可以不再单独签订工资专项集体合同。如果签订的集体合同期限为一年以上至三年的，涉及的每一年度工资事项的内容比较原则，那么就应该结合本企业实际，单独开展工资专项集体协商，并作为集体合同的一个附件，签订工资专项集体合同。

26. 工资集体协商包括哪些内容？

（1）工资分配制度、工资标准、工资分配形式和工资支付办法；（2）职工年度平均工资水平的调整幅度；（3）奖金、津贴、补贴等分配办法；（4）加班工资以及试用期、病假、事假等期间的工资待遇；（5）双方认为应当协商的其他工资事项。

27. 哪些情况下劳动关系双方不得拒绝或拖延另一方的协商建议？

（1）需要裁减人员二十人以上或者裁减不足二十人但占企业职工总数百分之十以上的；（2）劳动纠纷导致群体性停工、上访的；（3）生产过程中发现存在重大事故隐患或者职业危害的。

28. 我国最低工资标准如何确定？

我们国家实行最低工资保障制度，劳动者提供正常生产劳动后，用人单位支付劳动者的工资不得低于当地最低工资标准。《中华人民共和国劳动法》规定，确定和调整最低工资标准应当综合考虑下列因素：劳动者本人及平均赡养人口的最低生活费用、社会平均工资水平、劳动生产率、就业状况、地区之间经济发展水平的差异。

由于我国各地区经济发展水平差异较大，根据人社部制定的《最低工资规定》，最低工资标准的确定和调整方案，由省、自治区、直辖市人民政府劳动保障行政部门会同同级工会、企业代表组织协商拟订，并将拟订的方案报送人力资源和社会保障部。

29. 哪些内容不包括在最低工资组成的范围内？

下列收入不包含在最低工资范围内：

（1）劳动者个人依法缴纳的社会保险费和住房公积金；

（2）劳动者延长工作时间的加班费；

（3）中夜班津贴；

（4）夏季高温津贴；

（5）有毒有害等特殊工作环境下的岗位津贴；

（6）伙食补贴；

（7）上下班交通补贴；

（8）住房补贴。

在劳动者提供正常劳动的情况下，用人单位应支付给劳动者的工资在剔除上述各项以后，不得低于当地最低工资标准。

30．工资集体协商中对奖金、津贴、补贴的协商主要应包括哪些事项？

奖金、津贴、补贴是职工劳动收入的组成部分，关系到职工切身利益。奖金、津贴、补贴的发放条件、标准等，应当作为工资集体协商的内容，在工资专项集体合同中作出明确约定。

就奖金问题进行协商时，可以按照下列事项进行：

（1）明确奖励指标和条件；

（2）明确奖励范围、奖励周期和计奖单位；

（3）确定奖金总额，应与职工超额劳动创造的经济效益、企业工资基金总额保持合理比例；

（4）确定奖金标准。

就津贴、补贴进行工资集体协商时，应把以下项目作为主要内容：

（1）确定津贴、补贴项目。津贴、补贴项目繁多，如夜班津贴、高温或低温津贴、井下津贴、保健津贴、出差补贴、误餐补贴等，企业应按国家规定和实际需要确定。

（2）确定实施条件、范围。确定设立某项津贴、补贴所需要的条件和领取津贴、补贴人员的范围。

（3）确定津贴、补贴标准。确定津贴、补贴标准有两种办法，一是按职工本人工资一定比例确定，二是按绝对额确定。

（4）确定津贴、补贴支付方式。津贴、补贴主要以货币形式支付。

31．影响工资集体协商的因素有哪些？

影响工资集体协商的因素分为企业外部因素和企业内部因素。企业外部因素主要包括：相关法律法规政策文件、当地政府发布的工资指导线、劳动力市场工资指导价位、城镇居民消费价格指数、地区和行业人工成本水平、地区和行业工资水平等。企业内部因素主要包括：企业劳动生产率、经济效益和上年度职工工资总额、职工平均工资水平等。另外，企业文化等因素也对工资集体协商产生影响。在跨国公司中，如欧美、日、韩企业都有他们长期形成的文化传统和做法，有各自的企业文化特点，这些也是影响工资集体协商、确定工资分配制度的参考因素。

32. 企业工资分配的原则是什么？

党的十九大报告明确指出："要坚持按劳分配原则，完善按要素分配的体制机制，促进收入分配更合理、更有序。鼓励勤劳守法致富，扩大中等收入群体，增加低收入者收入，调节过高收入，取缔非法收入。坚持在经济增长的同时实现居民收入同步增长、在劳动生产率提高的同时实现劳动报酬同步提高。"再一次强调了生产重效率，分配重公平，进一步突出了收入分配应当更合理、更公平的理念，鼓励广大人民勤劳守法致富。

33. 工资集体协商与企业自主分配矛盾吗？

工资集体协商与企业自主分配两者是不矛盾的。在社会主义市场经济条件下，只要企业不违背国家法律法规的强制性规定，企业在确定劳动者工资报酬及其增长幅度时享有充分的自主权，这是企业作为独立经济运营主体享有的权利。但是，企业自主分配并不等同于企业经营者自主分配。现实中存在着"我的企业我说了算，凭什么协商确定工资"的认识误区，实际上是一些企业经营者错误地把企业自主分配等同于企业经营者自主分配。企业由资本和劳动者共同组成，劳动者投入的劳动和企业经营者投入的资本共同创造了企业财富，只有工资与劳动生产率提高同步增长，才能保持劳动力供给的持续稳定提升，激发职工的劳动热情和创新活力，引导职工和未来的劳动者进行人力资本投资，体现经济发展的目的；同时只有劳动生产率不断提高，企业才能在竞争中得以发展，进而创造更多的就业岗位，保证职工工资的不断增长。只有劳资双方利益基本均衡，各得其所，互利共赢，企业才能可持续地稳定发展。因此，企业自主分配和劳动关系双方协商确定劳动者工资水平，是一个有机统一的整体，不能片面地将两者对立起来。在企业自主分配的基础上，必须采取集体协商的方法确定工资报酬及其增长幅度。

34. 开展工资集体协商会不会影响企业发展?

实践证明，开展工资集体协商，不但不会给企业发展带来负面影响，反而有利于企业科学发展。

（1）建立有效的协商沟通机制，职工利益诉求得到实现，职工的工作积极性、主动性、创造性得到发挥，从而使企业获得经营发展的动力源泉，提高了企业劳动生产率。

（2）建立工资集体协商制度，使职工对未来收入有了良好预期，稳定了队伍，留住了人才，降低了员工流失率，促进了企业的持续发展。

（3）推动建立工资协商共决机制，企业和职工通过平等协商、互商互谅、达成协议等方式，化解了因工资问题产生的劳动关系矛盾隐患，促进了企业劳动关系和谐，有利于企业的稳定发展。

35. 如何处理企业规章制度中关于工资分配规定与工资集体协商的关系?

企业规章制度涉及企业经营管理的方方面面，并不仅仅是劳动规章制度，是企业从有利于经营管理角度制定的，相对比较原则、固化。集体合同是劳动关系双方通过集体协商共决的结果，其效力高于企业规章制度。《中华人民共和国劳动合同法》第 4 条规定：用人单位在制定、修改或者决定有关劳动报酬、工作时间、休息休假、劳动安全卫生、保险福利、职工培训、劳动纪律以及劳动定额管理等直接涉及劳动者切身利益的规章制度或者重大事项时，应当经职工代表大会或者全体职工讨论，提出方案和意见，与工会或者职工代表平等协商确定。

36. 经营困难的企业是否有必要开展工资集体协商？

对于生产经营困难的企业，要重点通过协商薪酬努力稳定工作岗位，并就企业工资支付办法、企业最低工资、职工社会保险、下岗职工基本生活保障等进行协商，建立工资支付保障机制，保证职工获得基本劳动报酬的权益。同时，要走出“工资协商就是涨工资”的认识误区，进一步明确工资集体协商的本质是建立关于工资分配的协商机制。工资集体协商要做到在维护劳动者报酬权益的同时，也要保证企业的可持续发展；在维护劳动者当前利益的同时，也要着眼劳动者的长远利益。根据企业发展状况，工资集体协商既可以协商职工工资增长，也可以在企业遇到困难时协商下调职工工资水平。因此，无论是在企业经营发展良好的情况下，抑或是在企业经营生产困难的情况下，开展工资集体协商都是很有必要的，企业协商工资就是为了实现劳资互利双赢，共建和谐劳动关系。

37. 工资指导线在工资集体协商中的作用是什么？

工资指导线是政府下发的一种指导性指标，虽然不具有强制性，但工资指导线是综合了大量数据测算制定出来的，是企业开展工资集体协商，确定合理工资水平、工资增长幅度的重要依据。

38. 不同类型的企业开展工资集体协商的重点是什么？

（1）从不同所有制的企业看，在公有制企业，应突出理顺按劳分配和按生产要素分配的关系，合理调节企业内部收入分配差距，提高普通职工特别是一线职工工资在企业工资分配中的比重。工会应加大参与企业的成本核算、利润分配、收益分配及重大生产经营决策的力度，使职工工资收入水平合理增长。在非公有制企业，应根据社会劳动力供求状况、本企业的经济效益、劳动生产率水平，并参照当地政府发布的工资增长指导线，通过协商合理确定工资水平。在股份制或股份合作制企业，重点是处理好工资分配、股息红利与劳动分红之间的比例关系，使职工付出的劳动得到相应合理的报酬。

（2）从不同经营状况的企业看，对于生产经营正常和效益较好的企业，可重点就工资和奖金的水平与分配、补贴及福利等进行协商，建立正常的工资增长和调整机制。对于生产经营比较困难的企业，可重点就工资支付办法、保障措施、停工待岗职工生活费等进行协商，建立工资支付保障机制。

（3）从采取不同分配方式的企业看，实行计件工资制企业，重点是协商确定和调整劳动定额以及工时工价标准。实行岗位工资制的企业，重点是确定和调整岗位工资标准。实行经营者年薪制的企业，重点是合理确定企业经营者与职工工资分配关系。

39. 什么是集体合同的履行?

集体合同的履行，是指在集体合同依法签订后，双方当事人按照集体合同约定的时间、地点和方法，全面完成集体合同规定的义务。当事人完成了集体合同规定的全部义务，叫集体合同的全部履行；只完成了集体合同规定的部分义务，叫集体合同的部分履行；没有完成集体合同规定的义务，叫集体合同未履行。集体合同一旦生效，就具有法律效力，双方当事人必须遵守执行，无法定理由拒不履行合同的，应当承担违约责任。

40. 集体合同在什么情况下可以变更或解除?

（1）双方协商代表协商一致，可以变更或解除集体合同或专项集体合同。

（2）有下列情形之一的，可以变更或解除集体合同或专项集体合同：

①用人单位因被兼并、解散、破产等原因，致使集体合同或专项集体合同无法履行的；

②因不可抗力等原因致使集体合同或专项集体合同无法履行或部分无法履行的；

③集体合同或专项集体合同约定的变更或解除条件出现的；

④法律法规、规章规定的其他情形。

41. 集体合同监督检查的主体主要有哪些?

（1）联合监督检查组。联合监督检查组由企业、工会和职工代表三方组成。其中，企业一方的人选由企业指派；职工代表的人数一般不少于检查组成员人数的一半，其人选由工会选派。

（2）职工代表大会民主管理专门小组（委员会）成员由职工代表团（组）民主推荐，或经职工代表大会民主选举产生，在职工代表大会闭会期间定期进行巡视检查。

（3）工会劳动法律监督小组（委员会），对集体合同履行情况实施监督检查。

42. 集体合同监督检查的内容有哪些?

（1）集体合同和专项集体协议的执行情况；

（2）企业方和职工方权利与义务的履行情况；

（3）有关集体合同变更、解除、终止以及争议处理、法律责任的执行情况。

43. 集体合同监督检查的形式有哪些?

（1）定期全面监督检查。一般每年一次至两次，主要适用于检查集体合同内容中带有普遍性和周期性的问题。全面监督检查工作量较大，涉及的范围较广。全面监督检查对集体合同的全面落实有较大的推动作用，在检查时可以采取召开各种不同类型、不同层次的座谈会，听取企业相关部门的汇报以及通过查看现场、个别征询意见、收集整理反馈信息和必要时查阅有关资料，以便准确掌握集体合同履行中的第一手资料。

（2）不定期监督检查。一般是对集体合同履行中临时发生的重大疑难问题进行检查。不定期的检查有利于及时发现问题，沟通信息、采取对策、落实措施。

44. 集体协商发生争议应该如何处理?

集体协商发生争议主要有三种表现形式：第一种是一方当事人无正当理由拒绝进行集体协商；第二种是以种种理由拖延，迟迟不启动实质性协商的；第三种是已经开始进行集体协商，但双方不能达成一致的。

以上三种争议发生后，职工一方可以提请上级工会、企业一方可以提请企业方面代表进行指导；经指导仍未能达成一致的，集体协商的任何一方可以提请人力资源社会保障部门协调处理；集体协商双方未能提请协调处理的，人力资源社会保障部门认为必要时，也可以进行协调处理。

45. 集体合同履行发生争议应该如何处理?

在履行集体合同过程中发生争议，可以由双方当事人协商解决。如果协商不成或者一方不愿意协商，当事人一方或者双方可以向人力资源社会保障部门提出协商处理申请。未提出申请的，人力资源社会保障部门认为必要时，可以组织同级工会和企业组织方面的人员进行协调处理。

对于协商不成的，工会可以依据相关的法律法规提起劳动争议仲裁。对劳动争议仲裁委员会的裁决不服的，可以向人民法院提起诉讼。

46. 当企业面临关停并转迁等重大调整时，企业要如何做好民主协商工作?

根据上海市协调劳动关系三方联合市司法局共同制定的《关于本市企业重大改革调整促进劳动关系稳定的操作指引》相关要求，当企业遇到关停并转迁等重大调整时，应从调整方案的起草酝酿、审议决定和执行实施三个方面做好民主协商工作。

在起草酝酿阶段，企业方在研究决定重大改革调整事项时，要依法听取企业工会的意见建议。企业工会要主动配合企业做好重大改革调整方案，并酌情就劳动关系变更方案以及其他涉及职工切身利益的重大事项，采取多种形式听取职工意见，提出工会的意见或建议。

在审议决定阶段，企业要在职工代表大会召开的七日前将提交职工代表大会审议和审议表决的书面材料送交职工代表。企业召开职工代表大会，企业负责人报告企业重大改革调整计划、劳动关系变更方案以及其他涉及职工切身利益的重大事项。企业工会报告与企业协商、修改完善方案的情况说明，接受职工代表审议。如果职工代表对劳动关系变更方案以及其他涉及职工切身利益重大事项存在较大分歧的，企业与企业工会应当视情形重新进行协商，并提交职工代表大会再次审议。

在执行实施阶段，企业和企业工会要共同做好劳动关系变更方案以及其他涉及职工切身利益重大事项的解释和宣传工作，及时解答职工提出的疑惑和问题。企业工会要督促并协助企业制订执行计划，执行中如果出现其他问题时，企业和企业工会应当通过协调机制，共同商讨解决办法。

47. 当企业在重大调整过程中出现群体性纠纷时，应当如何做好民主协商工作?

根据上海市协调劳动关系三方联合市司法局共同制定的《关于本市企业重大改革调整促进劳动关系稳定的操作指引》相关要求，企业重大改革调整中因劳动关系变更方案以及其他涉及职工切身利益重大事项，引发群体性劳动纠纷时，必须依法履行相应民主协商程序。

首先，企业和企业工会要共同做好职工情绪的疏导和稳定工作。其次，企业工会要及时与企业沟通，按照《上海市集体合同条例》相关规定，及时向企业发出集体协商要约，反映职工利益诉求，提出工会意见建议，就劳动关系变更方案以及其他涉及职工切身利益的重大事项与企业开展集体协商。最后，如双方达成一致并在依法办理相应手续后执行或形成专项集体合同草案的，应提交职工代表大会审议表决通过，并依法报送人力资源社会保障部门后实施。

第 3 章 | 集体协商工作流程及范例

企业集体协商流程图

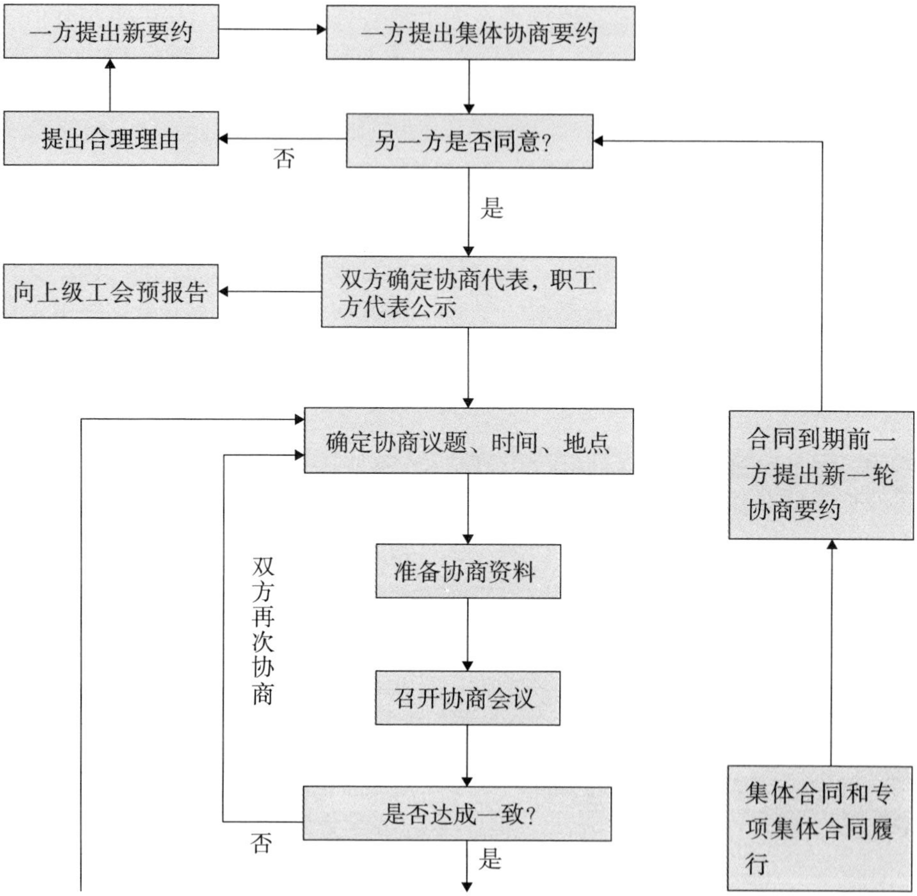

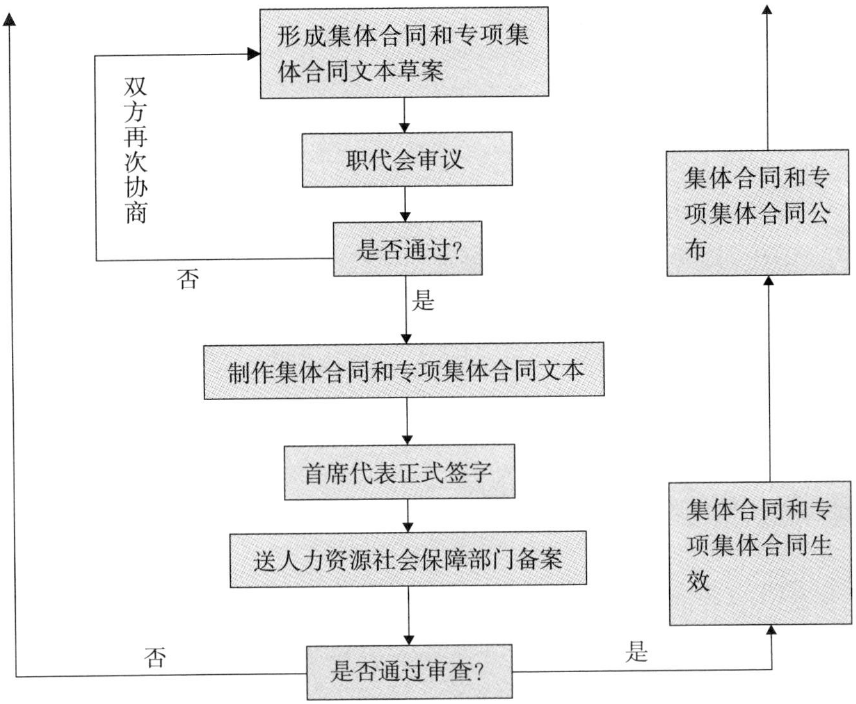

范例 1

集体协商要约书

企业行政方：

为构建和谐稳定的劳动关系，维护职工合法权益，促进企业持续发展，根据《中华人民共和国劳动法》《中华人民共和国劳动合同法》《上海市集体合同条例》等法律法规规定，从本企业实际出发，我会建议职工方代表与企业方代表就劳动关系有关事项进行集体协商。为使协商顺利进行，特提出如下建议：

一、集体协商会议的时间、地点

1. 时间：××××年××月××日××时

2. 地点：××××

二、集体协商的主要内容

1. 工资分配制度、工资标准和工资分配方式；

2. 职工年度平均工资水平及其调整幅度；

3. 加班工资计发基数；

4. 企业劳动定额和计件单价；

5. 企业最低工资标准；

6. 工作时间（综合计时或不定时企业建议选择）；

7. 劳动安全卫生；

8. 女职工特殊权益保护；

9. ……

三、确定双方集体协商代表

按规定，建议双方各派一名协商首席代表。

职工方协商首席代表：×××

职务：××××（首席代表由工会主要负责人担任）

其他代表为：×××、×××（建立女职工委员会的，应当有女性协商代表）

请企业方提出协商代表和首席代表名单，以便工作沟通，并做好协商的准备工作。

四、提供企业经营资料

为便于协商的顺利开展，请企业方依法及时提供上一年度企业生产经营方面的资料（包括：利润表、资产负债表、上年度企业所得税纳税调整明细表、职工工资总额和职工平均工资及社保缴费通知单等）。请将有关资料在协商会议开始5日前，提供给职工方首席代表。所涉及的商业秘密，本方代表将依法严格遵守保密规定。

请收到本集体协商建议书之日起15日内予以书面答复。

企业工会方（章）

××××年××月××日

范例 2

集体协商要约答复书

企业工会方：

你会于××××年××月××日发出的《集体协商要约书》已收悉，现就要约书中有关问题回复如下：

1. 同意要约书中提出的具体协商时间和地点。

2. 同意要约书中提出的建议协商的内容。

3. 行政方协商首席代表：××× 职务：××××

（行政方首席代表由法定代表人或者其书面委托的人担任）

其他代表是：×××、×××

（行政方协商代表由法定代表人指派，人数不得多于职工方）

4. 行政方已准备好相关资料，届时按规定提交。

以上回复如有异议，请及时沟通。

此复

企业行政（章）

××××年××月××日

范例 3

登记编号：×××××××××

集体合同送审表

本集体合同已经本单位职工代表（或全体职工）大会讨论通过，现报送审查。

集体合同类型	☑综合；□工资专项；□女职工专项；□劳动安全专项；□职业病专项；□其他

续表

单位名称（章）	上海市×××××××有限公司	工会名称（章）	上海市×××××××有限公司工会
法定代表人	×××	工会主席	×××
行政方首席代表	×××	职工方首席代表	×××
行政方代表人数	×××人	职工方代表人数	×××人 女性代表×××人
单位统一社会信用代码（18位）	9131010xxxxxxxxxxx	工会统一社会信用代码（18位）	8131000xxxxxxxxxxx
合同覆盖人数	×××人	其中：职工人数×××人　女职工×××人	
单位性质	国有及国有控股企业	主管单位 （非国有、集体企业无须填写）	上海市×××集团有限公司
联系人	×××	联系电话	××××××××××
联系地址	×××区×××路×××号×××室		邮政编码：××××××
单位所在地区	×××区×××街道	合同期限	××××年
工资专项集体合同起止日期 （非工资专项集体合同无须填写起止日期）	自××××年××月××日起至××××年××月××日止		
送审日期	××××年××月××日		

集体协商过程的情况说明：

1. 协商经过：×××方于××××年××月××日向对方提出集体协商要约；×××方于××××年××月××日答复同意进行集体协商。企业方和职工方分别于××××年××月××日前依法产生协商代表。企业方和职工方于××××年××月××日就协商意向书提出的内容进行协商，双方达成一致意见后制作集体合同草案和专项集体合同草案。集体合同草案和专项集体合同草案于××××年××月××日经职工代表大会（全体职工大会）表决通过，于××××年××月××日制作正式文本并由双方首席代表签字、盖章。

2. 协商的主要议题：

（1）……

（2）……

3. 职工对于集体合同条款的意见和建议：

……

××××年××月××日

范例 4

企业集体协商代表基本情况表

企业名称（章）：

报送日期：××××年××月××日

代表方	姓 名	性 别	单位及职务	身份证号码（护照号码）	劳动合同期限	备 注
						首席代表
企业方						
						首席代表
职工方						

注：1. 协商代表具体人数由双方协商确定，但每方协商代表人数不得少于3人。企业一方的协商代表不得多于职工一方的协商代表。

2. 如有外聘人员参加协商，请在备注栏内注明“外聘人员”。

3. 如首席代表不是企业法人和工会主要负责人，请附上企业法人和工会主要负责人签字的委托书。

范例 5

关于审议通过集体合同和专项集体合同的决议

××公司于××××年××月××日，召开职工代表大会（或全体职工大会），对集体合同和专项集体合同草案进行了审议。大会听取了×××（职工方首席代表）关于集体合同和专项集体合同草案产生情况的报告，对合同内容展开了讨论并进行了表决。大会应到代表××名，实到××名。

经无记名表决，同意××票，不同意××票，弃权××票，同意率为××%，获得大会审议通过。

工会（章）：
职工方首席代表：×××
××××年××月××日

范例 6

首席协商代表授权委托书

兹委托×××担任我方集体协商首席代表，参加集体协商，行使首席代表职权。

委托人：×××
委托日期：××××年××月××日

范例 7

分支机构开展集体协商委托书

兹授权企业名称 + 负责人与职工进行集体协商，并签订集体合同和专项集体合同。我单位认可相应合同的效力，并承诺履行。

授权人：企业名称（盖章）

法定代表人：×××

授权日期：××××年××月××日

第二部分

企事业单位职工代表大会工作

第1章｜　上海市企事业单位职工代表大会工作规范

为规范本市职工代表大会制度，依据《上海市职工代表大会条例（修正案）》及相关法律、法规和政策，结合基层企事业单位实际，在原《上海市职工代表大会工作规范》的基础上，修改制定《上海市企事业单位职工代表大会工作规范》。

一、总　则

（一）适用范围

本市行政区域内的企业、事业单位以及民办非企业单位等组织（以下统称“企事业单位”）建立和实施职工代表大会制度，适用本规范。

（二）性质

职工代表大会（或者职工大会，下同）是企事业单位实行民主管理的基本形式，是协调劳动关系的重要制度，是职工行使民主管理权力的机构，是厂务公开的主要载体。

（三）形式

1. 职工代表大会制度分为职工代表大会和职工大会两种形式。职工代表大会由职工民主选举产生的职工代表参加，职工大会由全体职工参加。职工大会依照职工代表大会的职权、相关组织制度和议事规则等执行。

2. 企事业单位根据单位规模大小、管理方式等确定职工代表大会制度的形式。

职工人数在一百人以上的企事业单位应当召开职工代表大会；职工人数不足一百人的企事业单位一般召开职工大会，但因工作地点分散、实行特殊工时制等难以召开职工大会的，可以召开职工代表大会。

（四）职责

1. 党组织的职责

企事业单位的党组织应当加强对职工代表大会的领导，切实发挥政治核心作用和统筹协调作用，为职工代表大会制度的运作提供组织保障。

2. 企事业单位的职责

（1）与工会协商制定实行职工代表大会制度的具体办法，将职工代表大会制度纳入本单位的管理制度体系；

（2）向职工代表大会作相关工作报告；

（3）与工会协商制定需提交职工代表大会审议或审议通过事项的方案或草案；

（4）尊重职工代表大会的意见和建议，责成有关部门落实职工代表大会审议通过的事项和决议；

（5）为职工代表大会制度的实施提供人力、物力等保证，并在管理费用中列支职工代表大会的经费。

3. 工会的职责

企事业单位的工会是职工代表大会的工作机构，承担下列工作职责：

（1）在职工代表大会筹备和召开期间，组织开展职工代表的选举、撤换、培训；做好职工代表大会文件的准备和提案征集工作；提出职工代表大会主席团成员、民主管理专门小组（委员会）成员、董事会和监事会中的职工代表候选人建议名单；组织职工代表团（组）讨论，汇总整理意见，并与企事业单位协商修改等工作。

（2）在职工代表大会闭会期间，执行和落实职工代表大会决议，督促提案的办理；组织开展职工代表大会各项工作制度和日常民主管理活动。

（3）完成职工代表大会交办的其他工作，并向上一级工会报告会议有关情况等。

（五）多级职代会

集团公司应当建立健全职工代表大会制度，就集团发展规划、经营管理、集体协商、民主评议、民主选举等事项行使相应职权。

集团公司总部机关和各分公司（厂）、分院（校）以及其他分支机构，应当建立职工代表大会制度，行使与其管理权限相对应的职工民主管理权利。

上级单位职工代表大会形成的决议对下属单位具有指导、规范、管控和制约作用。下属单位根据实际制定实施方案，并履行相应的职工代表大会民主程序。下级职工代表大会形成的决议不能与上级职工代表大会精神相冲突。

二、职工代表

（六）职工代表的资格

与企事业单位依法建立劳动关系和聘用关系的职工，以及劳务派遣人员、上级委派或由董事会聘任的经营管理人员可以当选为职工代表。

劳务派遣人员可以参加用工单位的职工代表大会，也可以参加劳务派遣单位的职工代表大会。用工单位吸纳劳务派遣人员参加职工代表大会的具体办法，由用工单位工会与用工单位协商后确定。用工单位尚未吸纳劳务派遣人员为职工代表的，职工代表大会应当有劳务派遣人员作为列席代表参加。

（七）职工代表的名额

1. 职工人数在一百人至三千人的，职工代表名额以三十名为基数，职工人数每增加一百人，职工代表名额增加不得少于五名；

2. 职工人数在三千人以上的，职工代表名额不得少于一百七十五名；

3. 职工人数不足一百人，实行职工代表大会制度的，职工代表名额不得少于三十名。

（八）职工代表的产生

职工代表由职工民主选举产生，实行常任制，可以连选连任，任期与职工代表大会届期相同。

选举职工代表一般以分公司（厂）、分院（校）、部门、班组、科室等为选区。选举应当实行票选制，由选区全体职工三分之二以上参加，候选人获得选区全体职工过半数赞成票方可当选。选举结果应当公布。

规模较大、管理层级较多的企事业单位的职工代表，可以由下一级职工代表大会选举产生，也可以由企事业单位工会通过划定选区组织全体职工直接选举产生。

职工代表大会不设当然代表。从领导班子成员中产生职工代表的名额应当合理分配至有关选区。

（九）职工代表的构成

职工代表的构成应当以一线职工为主体，且不低于百分之五十。一线职工一般指企事业单位中直接从事生产服务、专业技术等基础性工作的人员。

职工代表的构成中，中、高层管理人员不得超过百分之二十。中、高层管理人员一般指含企事业单位职能部门和分公司（厂）、分院（校）的正、副职在内的中层以上领导人员，跨地区、跨行业的大型集团型企业的比例可以适当提高，但不得超过百分之四十。

女职工代表比例一般与本单位女职工人数所占比例相适应。

教育、科技、文化、卫生等领域的企事业单位，职工代表应当以直接从事专业技术工作的人员为主体。

（十）职工代表团（组）

职工代表选举产生后，企事业单位工会应当按照职工代表选区的行政隶属关系组织成立职工代表团（组）。

职工代表团（组）长由本团（组）的职工代表民主推选产生。

（十一）职工代表的资格审查

职工代表大会应当成立职工代表资格审查小组，对新建和换届时选举产生的，以及届中经补选产生的职工代表资格等进行审查。

审查的内容包括：

1. 职工代表是否具备当选的资格和条件；
2. 职工代表的产生是否符合民主选举程序；
3. 职工代表结构比例是否符合相应规定。

职工代表资格审查结束后，应当形成职工代表资格审查报告，向职工代表大会报告。

（十二）列席代表

职工代表大会可以根据需要设置列席代表。列席代表无表决权和选举权。

（十三）职工代表的撤免

职工代表因无故不履行或者无法履行代表职责需要被撤免的情形包括：

1. 退休、辞职、内退等原因离开本单位或工作岗位的；

2. 因病假、待岗、脱产学习等原因满 6 个月以上难以履行代表职责的；

3. 严重失职失去选区内职工信任的；

4. 严重违反本单位规章制度或因违法犯罪受到刑事处罚的；

5. 本人提出辞去职工代表的；

6. 因工作变动调离原选区的。

除以上第 1、5、6 种情形外，职工代表依照其他情形被撤免的，应当经原选区全体职工过半数同意。

（十四）职工代表的补选

职工代表出现缺额时，应当由原选区依照规定的民主程序及时进行补选，并向下一次职工代表大会报告。

补选产生的职工代表应当公布。

三、职　权

（十五）审议建议权

1. 内容

下列事项应当向职工代表大会报告，接受职工代表大会审议，并通过职工代表大会听取职工的意见和建议：

（1）企事业单位的发展规划，年度经营管理情况和重要决策；

（2）企事业单位制定、修改、决定直接涉及职工切身利益的规章制度或者重大事项，以及改革改制中职工分流安置、经济补偿等劳动关系变更的方案；

（3）工会与企业就职工工资调整、经济性裁员、群体性劳动纠纷和生产过程中发现的重大事故隐患或者职业危害等事项进行集体协商的情况；

（4）职工代表大会工作机构的工作情况、联席会议协商处理的事项；

（5）国有、集体及其控股的企业、事业单位财务预决算等重要事项；

（6）法律法规规定或者企事业单位与工会协商确定应当向职工代表大会

报告的其他事项。

企事业单位决定改制、合并、分立、搬迁、停产、解散、申请破产等重大问题，应当依照法律的规定，通过职工代表大会审议或者其他形式听取职工的意见和建议。

2. 程序

（1）企事业单位、工会就审议建议事项按各自职责起草报告或方案。对涉及职工切身利益重要事项的方案，企事业单位与工会在充分协商的基础上，共同起草制定。

（2）企事业单位、工会根据职工代表团（组）的意见和建议修改报告或方案；职工代表对涉及职工切身利益重要事项的方案意见分歧较大的，企事业单位与工会应当协商修改后，再次通过职工代表团（组）听取意见和建议。

（3）向职工代表大会作报告或对相关方案作情况说明，接受职工代表大会审议。

3. 权限

以知情、参与为目的，对报告或方案提出修改、完善的意见和建议。

（十六）审议通过权

1. 内容

下列事项应当向职工代表大会报告，并由职工代表大会审议通过：

（1）涉及劳动报酬、工作时间、休息休假、保险福利等事项的集体合同草案；

（2）工资调整机制、女职工权益保护、劳动安全卫生等专项集体合同草案；

（3）企事业单位因劳动关系变更方案引发群体性劳动纠纷，依照规定开展集体协商形成的专项集体合同草案；

（4）国有、集体及其控股企业的薪酬制度，福利制度，劳动用工管理制度，职工教育培训制度，改革改制中涉及的职工安置方案，以及其他涉及职工切身利益的重要事项；

（5）事业单位的职工聘任、考核奖惩办法，收益分配的原则和办法，职工生活福利制度，改革改制中涉及的职工安置方案，以及其他涉及职工切身利益的重要事项；

（6）法律法规规定或者企事业单位与工会协商确定应当提交职工代表大会审议通过的其他事项。

2. 程序

（1）企事业单位与工会就审议通过事项在充分协商的基础上，共同起草制定方案或草案。

（2）企事业单位、工会可以根据需要，就涉及职工切身利益重要事项的方案或草案，组织召开专题会议，向职工代表解释说明。

（3）企事业单位与工会根据职工代表团（组）的意见和建议协商修改方案或草案。职工代表对涉及职工切身利益重要事项的方案或草案意见分歧较大的，企事业单位与工会应当协商修改后，再次通过职工代表团（组）听取意见和建议。

（4）向职工代表大会作报告或对相关方案或草案作情况说明；

（5）将相关方案或草案提交职工代表大会审议通过。

职工代表大会审议通过事项，应当采取无记名投票方式，并须获得应到会职工代表的过半数赞成票方可通过。

3. 权限

在组织职工代表对方案或草案进行审议的基础上进行表决，形成同意或不同意的意见。

（十七）审查监督权

1. 内容

下列事项应当向职工代表大会报告，并接受审查监督：

（1）职工代表大会提案办理情况；

（2）职工代表大会审议通过的重要事项落实情况；

（3）集体合同和专项集体合同履行情况；

（4）劳动安全卫生标准执行、社会保险费交缴、职工教育培训经费提取使用等情况；

（5）法律法规规定或者企事业单位与工会协商确定应当向职工代表大会报告并接受审查监督的其他事项。

2. 程序

（1）企事业单位、工会根据各自职责贯彻职工代表大会的决议，并通过组织职工代表巡视或民主管理专门小组（委员会）工作，督查职工代表大会决议和法律法规规定事项的落实情况。

（2）企事业单位、工会根据贯彻落实情况起草相关工作报告。

（3）组织职工代表分团（组）讨论，在听取意见和建议并修改完善的基础上，向职工代表大会作报告，接受职工代表大会审议；也可组织职工代表对审查监督事项的落实情况进行质量评估。

3. 权限

以知情、监督为目的，对有关事项的落实情况进行监督检查。

（十八）民主选举权

1. 内容

下列人员应当由职工代表大会民主选举产生：

（1）民主管理专门小组（委员会）成员；

（2）董事会和监事会中的职工代表；

（3）法律法规规定或者企事业单位与工会协商确定应当由职工代表大会民主选举产生的其他人员。

2. 程序

（1）工会和企事业单位协商确定提交职工代表大会民主选举的原则方案，确定人数和成员构成；

（2）工会在广泛征求职工代表意见的基础上，提出候选人初步建议名单，听取企事业单位的意见，并协商确定候选人建议名单；

（3）在职工代表大会上报告候选人建议名单，提交职工代表大会民主选举。

职工代表大会民主选举董事会和监事会中的职工代表，应当采取无记名投票方式，并须获得应到会职工代表的过半数赞成票方可当选。

3. 权限

以履行程序为必要条件，有关人员的产生必须履行职工代表大会民主选举程序。

（十九）民主评议权

1. 评议对象

（1）董事会和监事会中的职工代表。

（2）国有、集体及其控股企业、事业单位领导班子成员；企事业单位下属的分支机构负责人。

（3）法律法规规定或者企事业单位与工会协商确定应当接受职工代表大会民主评议的其他人员。

2. 组织实施

（1）职工代表大会民主评议工作接受企事业单位党组织的领导；

（2）企事业单位应当将职工代表大会民主评议工作作为领导干部管理考核的组成部分；

（3）职工代表大会民主评议工作由民主评议专门小组（委员会）负责，每年进行一次。

3. 程序

（1）被评议人员在职工代表大会上作述职、述廉报告，接受职工代表质询；

（2）组织职工代表无记名投票测评；

（3）召开职工代表座谈会或进行个别职工访谈听取意见；

（4）汇总测评结果和职工代表对被评议对象的评议意见；

（5）向被评议对象反馈民主评议结果，并向职工代表大会报告民主评议情况；

（6）按照干部管理权限将民主评议结果报送干部主管部门和上级工会。

对民主评议测评中称职及以上等级的得票率低于60%的领导干部和相关人员，职工代表大会应当向干部主管部门提出撤免建议。

4. 权限

以评议、监督为目的，职工代表大会对领导干部和相关人员的民主评议结果应当纳入领导干部和相关人员管理考核体系。

（二十）补正程序和法律效力

法律法规规定应当提交职工代表大会审议的事项，未按照法定程序提交的，企事业单位的工会有权以书面形式要求纠正，企事业单位应当根据工会的要求予以纠正，并给予书面答复。

法律法规规定应当提交职工代表大会审议通过的事项，未按照法定程序提交审议通过的，企事业单位就该事项作出的决定对本单位职工不具有约束力。

职工代表大会在其职权范围内审议通过的事项对本单位以及全体职工具有约束力，未经职工代表大会重新审议通过不得变更。

四、会议的召开

（二十一）基本规则

1. 职工代表大会每年至少召开一次会议。

2. 企事业单位、工会或者三分之一以上职工代表提议，可以召开职工代表大会。企事业单位与工会应当对提议的事项进行审核，对确属职工代表大会职权范围内的事项，依照有关程序组织筹备召开职工代表大会。

3. 职工代表大会须有全体职工代表三分之二以上出席，方可召开。

4. 提交职工代表大会审议和审议表决的书面材料，应当在职工代表大会召开的七日前送交职工代表。

5. 职工代表大会审议通过事项，应当采取无记名投票方式，并须获得应到会职工代表的过半数赞成票方可通过。

（二十二）职工代表大会的筹备

1. 企事业单位与工会协商确定会议议题和议程；

2. 企事业单位和工会协调相关职能部门起草提交大会审议和审议表决的相关材料；

3. 工会组织职工代表的选举、撤换、补选；

4. 组织开展提案征集工作；

5. 做好大会的其他相关事项。

（二十三）职工代表团（组）讨论

职工代表团（组）应当组织职工代表讨论，由工会及时汇总整理职工代表团（组）的意见和建议。职工代表对涉及职工切身利益的重要事项意见分歧较大的，由企事业单位与工会根据职工代表意见进行协商修改后，提交职工代表大会再次审议。

（二十四）职工代表大会预备会议

职工代表大会召开前，企事业单位应当召开预备会议。预备会议由企事业单位工会组织召集，一般议程为：

1. 审议职工代表大会筹备工作情况报告；
2. 审议职工代表资格审查情况报告；
3. 审议通过职工代表大会表决办法；
4. 审议通过职工代表大会主席团成员或大会执行主席名单；
5. 审议通过职工代表大会议题和议程；
6. 审议通过职工代表大会监票人和总监票人名单草案；
7. 审议或审议通过其他有关事项。

（二十五）职工代表大会正式会议

职工代表大会正式会议由主席团推选的主持人或大会执行主席主持。

职工代表大会的议程一般为：

1. 会议主持人报告本次职工代表大会代表出席情况，确认大会召开有效。
2. 听取需要提交职工代表大会审议或审议通过的有关工作报告，以及涉及职工切身利益事项方案或草案的情况说明。
3. 听取需要接受职工代表大会民主评议人员的述职、述廉报告。
4. 审议讨论有关报告、方案或草案。可采取分组讨论、现场互动等方式。职工代表应当充分表达意愿和诉求，提出意见和建议。
5. 审议通过有关方案或草案。
6. 对有关人员进行民主选举。
7. 对有关人员进行民主测评。
8. 审议表决职工代表大会决议，进行大会总结。

（二十六）会后工作

企事业单位应当在职工代表大会闭会后七日内，向全体职工公布大会审议通过的事项和决议。

企事业单位工会应当在职工代表大会闭会后，及时汇总整理相关材料，形成大会文书档案。

五、组织机构

（二十七）职工代表大会的届期

职工代表大会每届任期为三年至五年，一般与工会届期相同。

职工代表大会应当按时换届。因故需要延期换届的，须经企事业单位与工会协商一致，延期时间不得超过一年。企事业单位将延期换届理由和延期时间告知全体职工。企事业单位工会将延期换届情况向上一级工会报告。

（二十八）职工代表大会主席团

职工代表大会选举产生的主席团主持会议，处理大会期间有关重大问题。主席团成员应为职工代表，职工代表人数在三十人至一百人的，主席团可以设三至五人；职工代表人数在一百人以上的，主席团人数不得少于七人。主席团成员中，一线职工代表的比例不得少于百分之五十。职工代表大会主席团履行下列职责：

1. 主持召开大会，领导大会期间的各项活动；
2. 听取和综合各职工代表团（组）对各项议题审议的意见；
3. 审议大会议题中需要通过和决定的事项，草拟大会决议；
4. 处理大会期间有关民主管理的重大问题。

职工人数少于三十人的企事业单位，可以选举大会执行主席一人，主持召开职工大会。

（二十九）职工代表大会联席会议

职工代表大会闭会期间，除法律法规规定应当提交职工代表大会审议通过的事项外，对需要及时处理的重要事项，企事业单位可以召开职工代表大会联席会议进行协商处理，处理结果应当向下一次职工代表大会报告。

联席会议由工会负责召集，由职工代表团（组）长、民主管理专门小组（委员会）负责人、主席团成员、董事会和监事会中的职工代表、工会委员会委员参加。

联席会议的程序一般为：

1. 企事业单位与工会根据有关规定协商确定联席会议议题；
2. 根据议题形成书面议案，并送交相关成员；

3. 召开联席会议审议讨论相关事项；

4. 形成协商处理的意见；

5. 向下一次职工代表大会报告，并予以确认。

职工代表大会联席会议协商处理的事项应当在会议召开后的七个工作日内，通过公开栏、内部报刊、内部网站等形式向全体职工公布。

（三十）民主管理专门小组（委员会）

职工代表大会可以根据实际需要选择设立集体协商、薪酬福利、劳动用工、劳动安全卫生、提案工作、民主评议等专门小组（委员会）。规模较小的企事业单位职工代表大会也可以设立一个综合性的民主管理专门小组（委员会）。

民主管理专门小组（委员会）在职工代表大会领导下，组织职工代表开展民主管理专项活动，办理职工代表大会交办的有关事项。

专门小组（委员会）负责人由职工代表担任，专门小组（委员会）委员可以聘请熟悉相关业务的非职工代表担任。相关职能部门的负责人一般不能担任相应民主管理专门小组（委员会）的负责人。

六、工作制度

（三十一）提案工作

企事业单位工会应当在职工代表大会召开或闭会期间，组织职工代表围绕生产经营管理、职工切身利益事项等方面开展提案活动，提出意见、建议，并由提案工作专门小组（委员会）负责提案的审查、立案、督查和反馈公布。

（三十二）巡视检查

企事业单位工会应当组织职工代表对职工代表大会决议贯彻落实情况进行巡视检查，将巡视检查情况和整改建议以书面形式向企事业单位反馈，督促整改。

（三十三）质量评估

企事业单位工会应当组织职工代表围绕职工代表大会制度运行的规范性、实效性开展质量评估，并根据质量评估的结果，与企事业单位共同研究制定整改措施。

（三十四）其他民主管理形式

职工代表大会闭会期间，企事业单位和工会应当通过恳谈会、民主共商会、民主议事会等形式听取职工意见和建议，完善本单位的日常民主管理制度。

七、附　则

（三十五）本规范由上海市总工会负责解释。

（三十六）本规范自颁布之日起实施，原《上海市职工代表大会工作规范》同时废止。

上海市总工会

2019 年 6 月 17 日

第 2 章 | 企事业单位职工代表大会工作知识问答

1. 为什么职工代表大会制度是企事业单位的管理制度?

职工代表大会制度是具有中国特色的企事业单位民主管理制度，是企事业单位管理制度中不可或缺的重要组成部分，其作用主要体现在保障职工民主权利，构建和谐稳定的劳动关系，促进职工和企事业单位以及民办非企业等组织共同发展。《上海市职工代表大会条例》第 5 条规定:“企事业单位与本单位工会应当协商制定实行职工代表大会制度的具体办法，并纳入本单位的管理制度。”

2. 职代会新建或换届重点需要做好哪些工作?

（1）成立领导小组。领导小组正副组长一般应由党委、行政和工会主要领导担任，其工作职责是研究确定本届职代会的目标任务、重要制度、运行规则等重大事项。

（2）成立工作小组。根据工作需要，领导小组下设若干工作小组，如代表资格审查组、组织秘书组、宣传会务组等，分别负责职代会的各项事务。

（3）制定或修订本单位职代会实施办法，明确职代会的组织制度、职权内容、工作制度、议事规则和工作机构等。

（4）制定职代会筹备方案，明确本届职代会的具体届期、职工代表比例结构、产生办法，大会主席团的设置，民主管理专门小组（委员会）的设置，代表团（组）的划分等。

（5）组织选举职工代表，进行代表资格审查。

（6）组织培训职工代表。

（7）协商拟定主席团成员、大会执行主席人员、民主管理专门委员会（小组）等成员建议名单。

（8）协商拟定本次职代会的议题和议程安排。

（9）研究并起草集体合同草案和其他需提交职代会审议或审议通过的方案草案，起草提交大会审议的工作报告等大会材料。

（10）落实其他相关工作。

3. 党政工在建立健全职代会制度中应各自承担什么责任？

党组织负有领导和推进责任。党组织应加强对本单位职代会的领导，保障职代会按时换届、正常运行，督促职代会决议有效落实。

行政负有建制并有效运行的职责。行政应当依法建立健全本单位职代会制度，保障职代会依法行使职权，确保职工依法享有知情权、参与权、表达权和监督权，并从管理费用中列支职代会的经费。

工会负有日常运作和具体实施的责任。工会是本单位职代会的工作机构，负责职代会筹备、召开以及闭会期间的日常组织管理等工作。

4. 职工大会和职工代表大会有何区别？

职工大会和职工代表大会是职代会制度的两种形式，两者在性质、任务、职权、工作机构等方面完全相同。两者的区别主要在于职工大会由全体职工参加，不用进行职工代表的选举，《上海市职工代表大会条例》第 4 条明确规定：“职工人数不足一百人的企事业单位应当召开职工大会，而职工代表大会是由民主选举产生的职工代表参加。”

5. 尚未成立工会的企业如何建立职代会制度？

《上海市职工代表大会条例》明确规定，工会是职代会的工作机构，承担职代会的日常工作。如果企业尚未建立工会组织，职代会的日常运行就会缺少法定的工作主体，因此，企事业单位应当在上级工会的指导帮助下建立工会组织，并同步建立职代会制度。

6. 职代会与工代会的区别有哪些?

（1）性质不同。职代会是企事业单位实行民主管理的基本形式，是协调劳动关系的重要制度，是职工行使民主管理权力的机构；而工会会员代表大会（以下简称“工代会”）是企事业单位工会的一项根本性制度，是讨论、决定工会内部重大事项和选举工会领导机构的权力机关。

（2）运行依据不同。职代会主要根据《中华人民共和国劳动法》《中华人民共和国公司法》《中华人民共和国劳动合同法》《企业民主管理规定》《上海市职工代表大会条例》等法律法规的要求开展工作；工代会则根据《中华人民共和国工会法》《中国工会章程》《基层工会会员代表大会条例》《上海市工会条例》等法律法规及相关制度文件要求开展工作。

（3）职权不同。职代会依法行使对企事业单位重大事项的审议建议权，涉及职工切身利益事项的审议通过权和审查监督权等；而工代会则审议批准工会委员会工作报告，选举产生工会领导班子，并对其进行民主测评等。

7. 职代会与工代会是否可以合并召开？应当如何操作?

职代会和工代会可以结合召开，但其职能不得互相代替。如在同一时间段召开，应分别设置会标、分别设定会议议程、分别行使职权、分别作出决议，并分别建立档案。由于两项制度在代表人数、比例结构、选举方式等方面存在差异，企事业单位应根据“就高”原则确定会议方案，规范会议召开，确保职工民主权利与工会会员权利得到充分有效保障。

8. 哪些集团公司需要建立职代会?

在上海市的集团公司中，既有传统制造业的企业，也有跨地区或跨行业的企业，更有涉及科技、生物、电子信息等高科技领域的企业，同时也有少部分投资贸易型的企业等。但不管何种类型的集团公司，只要对所属基层单位有下列管理职能之一的，都应当建立职代会制度:（1）对所属企业重大决策、经营管理方面拥有决定权和重要影响力的;（2）对所属企业在人力资源、劳动规章制度、薪酬福利制度等方面拥有决策和管理权的;（3）对所属企业在干部人事制度等方面拥有决策和管理权的。

9. 集团公司职代会和集团本部职代会有什么区别?

（1）代表产生的范围不同。集团公司职代会是在整个集团系统内选举产生代表，集团本部职代会则是在集团本部范围内选举产生代表。

（2）运作主体不同。集团公司职代会的运作主体是集团工会，而集团本部职代会的运作主体是集团本部工会。

（3）职权内容不同。集团公司职代会审议和决定涉及整个集团公司企业管理、劳动关系等重大问题，以及职工切身利益重要事项等内容，而集团本部职代会审议和审议通过的仅限于集团本部和本部职工的相关事宜。

10. 分公司、分院如何建立职代会制度?

《上海市职工代表大会条例》第26条明确规定：企事业单位下属的分公司（厂）、分院（校）应当建立职代会制度，行使与其管理权限相对应的职工民主管理权利。

11. 如何处理上下级职代会之间的关系?

上级单位职代会形成的决议对所属基层单位具有指导、规范、管控和制约作用，下级职代会形成的决议不能与上级职代会精神相冲突。上级单位党政工组织就职代会审议建议、审议通过和审查监督事项形成的决议，应当以制度文件形式下发，要求所属基层单位遵照执行。下级职代会应根据上级精神和要求，进行细化补充，形成相应的实施办法，并履行相应民主程序，以保障基层职工民主权益的有效实现。

12. 集团公司改革调整中要注意哪些职代会民主程序问题？

集团公司的改革必然会涉及整个系统的所属基层单位。同时，由于一些集团公司实行的是分步骤改革的方式，局部改革事项会涉及某些基层企业，还需按照集团公司的改革时间节点，逐步实施到位。基于这些原因，集团公司系统改革调整中的职代会民主程序应注意把握以下几个环节：

（1）总体规范环节。即集团公司应当按照法律法规和政策文件的要求，通过集团公司职代会对整个系统改革的厂务公开民主管理工作进行规范，形成指导性意见要求基层执行。

（2）总体要求与具体指导环节。即集团公司职代会要在整个改革方案中，对分步骤改革的单位提出履行基层单位职代会民主程序，实行厂务公开的总体要求，待基层单位按集团公司时间节点实施改革时，督促和指导基层单位按法律法规政策要求和集团公司职代会决议履行相应民主程序。

（3）督促实施环节。即要求涉及改革的基层单位必须按照集团公司职代会的决议，细化本单位的方案，提交职代会审议并履行相应的民主程序。

（4）管控监督环节。即集团公司要建立改革改制方案预审制度，将改革的总体方案、涉及职工劳动关系变更和经济补偿方案、履行职代会民主程序方案以及基层单位职代会制度建设方案提交上级党政工组织审核把关。同时，对职代会审议通过后的方案实施情况进行监督，以保证改革改制的平稳有序进行。

13. 如何确定职工代表资格？

以下三类人员可以当选为职工代表：一是与企事业单位建立劳动关系和聘用关系的职工，此处的聘用关系专指事业单位与职工建立的契约关系；二是劳务派遣人员；三是上级委派或由董事会聘任的经营管理人员。

此外，企事业单位可在本单位职代会制度实施细则中，参考以下标准，对职工代表资格做进一步细化规定。一是要具有一定政治觉悟和政策水平。

自觉拥护和善于学习掌握运用党和国家的方针政策。二是要具有一定的业务知识和管理能力。三是要能做好本职工作，具有较强的责任感和敬业精神。四是关心集体，遵章守纪，联系群众，办事公道，在职工群众中具有一定的威信。

14. 工会主席是否应当担任职工代表?

工会是职代会的工作机构，承担职代会日常工作，由工会主席担任职工代表，有利于工会组织更好地运行企事业单位的职代会制度。一般情况下，工会主席应当作为职工代表候选人，通过民主选举当选为职工代表。但在特定情况下，工会主席未能当选职工代表时，可作为列席代表参加职代会，并由工会副主席或其他委员进入主席团，负责职代会会议期间的日常工作。

15. 劳务派遣人员如何参加职代会?

劳务派遣人员既可以参加用工单位的职代会，也可以参加劳务派遣单位的职代会，但优先建议用工单位吸纳劳务派遣人员参加本单位的职代会。用工单位吸纳劳务派遣人员参加职代会的具体办法，由用工单位工会与用工单位协商后确定；用工单位尚未吸纳劳务派遣人员为职工代表的，职代会应当有劳务派遣人员列席代表参加。

16. 企事业单位的领导人员可以担任职工代表吗?

职代会是企事业单位管理制度的重要组成部分，企事业单位领导人员参加职代会有利于密切企事业单位干群关系，促进企事业单位科学管理、民主管理。企事业单位的领导人员应当通过民主选举当选为职工代表。具体来讲，企事业单位应当将领导人员名额合理分配至有关选区，通过相应的民主程序选举产生。

17. 退休返聘人员、外籍员工可以担任职工代表吗?

劳动者达到法定退休年龄并办理退休手续后，劳动合同（事业单位的聘用合同）依法终止，原来是职工代表的，其代表资格自行终止。所以，这类人员不宜当选为职工代表，对于有些被企事业单位返聘的人员，如工作需要可以作为列席代表参加职代会。外籍员工虽然不具有中华人民共和国国籍，但由于与企事业单位依法建立了劳动关系（聘用关系），也可以通过相应民主程序选举当选为职工代表。

18. 如何组织选举职工代表?

企事业单位工会与行政应当按照职代会筹备（换届）方案组织选举职工代表，一般要重点把握好以下环节：

（1）合理划分选区并制定选举办法。企事业单位应当结合本单位的组织管理构架和职工队伍实际状况等划分选区，选区一般以分公司、分院（校）、部门、班组、科室等为单位合理确定，并制定各选区名额分配方案和相应的选举办法。

（2）严格规范选举程序。各选区应当按照选举办法的要求组织选举职工代表。选举方式和过程要保证职工能够充分表达自身意愿，各选区可以推荐候选人，但不得指定代表候选人。选举时，应有本选区全体职工三分之二以上参加，候选人获得选区全体职工过半数赞成票方可当选。各选区应当做好选举记录、选票归档等工作，以备查阅。

（3）及时公布选举结果。选区的选举结束后，一般应当场公布选举结果，并报企事业单位工会。工会应当及时汇总选举结果，并提交职工代表资格审查小组（委员会）进行资格审查。审查通过后，企事业单位应当及时将当选的职工代表名单通过厂务公开栏等形式向全体职工公布。

19. 如何确定职工代表名额?

企事业单位应当按照《上海市职工代表大会条例》和《上海市企事业单位职工代表大会工作规范》来确定职工代表的名额:

（1）职工人数在一百人至三千人的，职工代表名额以三十名为基数，职工人数每增加一百人，职工代表名额增加不得少于五名。

（2）职工人数在三千人以上的，职工代表名额不得少于一百七十五名。

（3）职工人数不足一百人，实行代表制的，职工代表名额不得少于三十名。

20. 职工代表比例结构有何规定?

职工代表的构成应当以一线职工为主体，不得低于百分之五十，中、高层管理人员不得超过百分之二十。对于跨地区、跨行业、管理层级较多、基层单位较多的大型集团型企业，中、高层管理人员比例可以适当提高，但不得超过百分之四十。同时，各单位职代会的女性代表应当与本单位的女职工比例相适应。

21. 职代会是否设立当然代表?

职代会不设当然代表。企事业单位党政工团领导人员不能未经选举就作为职工代表，一般应将他们作为委托选举的职工代表候选人，将名单直接列入对应的选区代表名额分配栏内，但不占选区名额。

22. 一线职工与中高层管理人员如何界定?

一线职工指直接从事生产服务、专业技术等基础性工作的职工，具体认定由企事业单位工会与企事业单位根据本单位实际情况协商确定。中、高层管理人员指企事业单位中各职能部门和下属单位的正、副职及以上领导人员。

23. 上级单位职代会的代表应当如何选举产生?

对于规模较大、管理层级较多的企事业单位在选举职工代表时，可以由下一级职代会选举产生，也可以由企事业单位工会通过划定选区组织全体职工直接选举产生。

24. 列席代表的范围和管理要求有哪些?

企事业单位可以根据实际情况和职代会会议内容的需要，邀请在本单位中有一定影响和代表性的非职工代表列席职代会。列席代表一般包括非职工代表的单位领导、有关部门负责人及相关人员等，其总数一般不超过正式职工代表的百分之十。列席代表可以在职代会或代表团（组）会议发言，提出意见建议，但没有表决权和选举权，不能当选为职代会主席团成员。

25. 如何对职工代表资格进行审查?

企事业单位应当建立职工代表资格审查小组（委员会），其成员一般由工会、干部管理部门或人力资源部门、纪委监察等相关部门人员组成。资格审查小组（委员会）就下列事项对职工代表的资格进行审查：一是职工代表结构比例是否符合相应规定；二是审查职工代表是否具备当选的资格和条件，如是否与企事业单位建立劳动关系或者聘任关系、劳务关系等；三是代表的产生是否履行了规范的民主程序，如选举时是否有选区全体职工三分之二以上参加，候选人是否获得选区全体职工过半数赞成票等；四是选举时是否存在串通作弊、贿赂选票等不正当的情形。对不符合上述规定的，审查小组（委员会）应当报大会筹备工作领导小组，研究决定调整方案并予以实施。

26. 撤免职工代表的情形及相关程序有哪些?

撤免职工代表的情形:

（1）退休、辞职、内退等原因离开本单位或工作岗位的;

（2）因病假、待岗、脱产学习等原因满6个月以上难以履行代表职责的;

（3）严重失职失去选区内职工信任的;

（4）严重违反本单位规章制度或因违法犯罪受到刑事处罚的;

（5）本人提出辞去职工代表的;

（6）因工作变动调离原选区的。

上述第1、5、6种情形，职工代表资格自行终止。

第2、3、4种情形，依照以下程序予以撤免:

（1）由原选区向上级工会提出撤免职工代表的申请;

（2）由上级工会调查核实，研究决定是否予以撤免;

（3）由原选区召开会议，被撤免的职工代表可以参加会议并提出申辩。经选区职工（代表）讨论，并获全体职工（代表）过半数同意，即可作出撤免的决定，并向选区全体职工宣布;

（4）原选区将撤免决定报上级工会备案。

职工代表出现缺额时，原选区应与上级工会沟通一致后，按同结构比例及时进行补选，其程序与选举正式代表程序相同。

27. 职工代表工作岗位调动后代表资格如何处理?

一是职工代表因工作变动调离原选区的，其代表资格应当自行中止，由原选举单位按照规定补选职工代表；二是如果职工代表的岗位变动仍在原选区的，其代表资格继续保留，但如果该代表岗位变动后，其代表身份发生变化，由企事业单位工会视职工代表结构情况研究决定是否予以调整。

28. 审议建议权的内容是什么？

下列事项应当向职代会报告，接受职代会审议，听取职代会代表的建议：

（1）企事业单位的发展规划，年度经营管理情况和重要决策；

（2）企事业单位制定、修改、决定直接涉及职工切身利益的规章制度或者重大事项，以及改革改制中职工分流安置、经济补偿等劳动关系变更的方案；

（3）工会与企业就职工工资调整、经济性裁员、群体性劳动纠纷和生产过程中发现的重大事故隐患或者职业危害等事项进行集体协商的情况；

（4）职代会工作机构的工作情况、联席会议协商处理的事项；

（5）国有、集体及其控股的企业、事业单位财务预决算等重要事项；

（6）法律法规规定或者企事业单位与工会协商确定应当向职代会报告的其他事项。

企事业单位决定改制、合并、分立、搬迁、停产、解散、申请破产等重大问题，应当依照法律的规定，通过职代会审议或者其他形式听取职工意见和建议。

29. 企事业单位的发展规划、年度经营管理情况和重要决策具体包括哪些？

企事业单位的发展规划。发展规划是指企事业单位在规划期内的发展方向、发展规模和主要经济指标的远景规划。发展规划的内容包括企事业单位科研技术发展的目标趋势；主要经济、科研、技术指标的发展水平；职工教育、职工劳动条件和生活条件的改善计划等。

企事业单位的年度经营管理情况。年度经营管理情况是指企事业单位根据宏观形势、市场需求以及企事业单位发展规划的要求制订的年度经营管理计划以及实施情况。年度经营管理的计划包括企事业单位经营管理的方方面面。以企业为例，年度经营管理的计划包括销售计划、生产计划、劳动工资计划、物资供应计划、财务计划、科研计划等。

企事业单位的重要决策。重要决策是指除了发展规划外，企事业单位对投资、重大技术改造以及经营管理等重大事项方面作出决策。还包括对外投资、重大技术改造，以及在经营管理等重大事项方面作出的决策。

30. 直接涉及职工切身利益的规章制度或者重大事项包含哪些?

直接涉及职工切身利益的规章制度或者重大事项包括：劳动合同管理、工资管理、社会保险、福利待遇、工时休假、职工奖惩和其他劳动管理，以及企事业单位改革改制或重大调整中职工分流安置、经济补偿等劳动关系变更方案或事项。

31. 企事业单位改革改制主要包括哪几类情形?

企事业单位改革改制主要包括改制、合并、分立、搬迁、停产、解散、申请破产等情形。

32. 企事业单位如何做好职代会的审议工作?

（1）企事业单位应认真起草提交职代会审议的各类报告、方案。对涉及职工切身利益重要事项的方案，企事业单位应与工会在充分协商的基础上，共同起草制定。

（2）根据职工代表团（组）的意见和建议修改报告或方案，职工代表对涉及职工切身利益重要事项的方案意见分歧较大的，企事业单位和工会应当协商修改后，再次通过职工代表团（组）听取意见和建议。

（3）向职代会作报告或对相关方案作情况说明，接受职代会审议。

33. 审议通过权与审议建议权有什么不同?

审议通过权是指涉及职工切身利益的重要事项及其方案、草案，应当向职代会报告并接受审议，由职代会无记名投票，通过表决后实施，审议通过的事项对本单位以及全体职工具有约束力。对应当提交职代会审议通过的事项，未按照法定程序提交审议通过的，企事业单位就该事项作出的决定对本单位职工不具有约束力。审议建议权是指涉及企事业单位经营发展、职工切身利益相关事项、经企事业单位与工会协商的重要事项等，应当向职代会报告并审议，听取职工代表的意见和建议，但不行使表决权。

34. 应当经职代会审议通过事项未能表决通过怎么办?

《上海市职工代表大会条例》第 33 条规定：法律法规规定职工代表大会应当提交职代会审议通过的事项，未按照法定程序提交审议通过的，企事业单位就该事项作出的决定对本单位职工不具有约束力。如果发生企事业单位职代会未能审议通过涉及职工切身利益相关事项时，企事业单位与工会应当根据职工代表的意见进行协商修订，进一步完善方案或草案，提交职代会重新履行法定民主程序。

35. 国有、集体及其控股企业有哪些事项须经职代会审议通过?

国有、集体及其控股企业的集体合同草案以及工资集体协议、女职工权益保护、劳动安全卫生等专项协议草案，薪酬制度，福利制度，劳动用工管理制度，职工教育培训制度，改革改制中涉及的职工安置方案，以及其他涉及职工切身利益的重要事项，须经职代会审议通过。

36. 事业单位有哪些事项须经职代会审议通过?

事业单位的职工聘任、考核奖惩办法，收益分配的原则和办法，职工生活福利制度，改革改制中涉及的职工安置方案，以及其他涉及职工切身利益的重要事项，须经职代会审议通过。

37. 事业单位改革中涉及职工切身利益事项应如何履行民主程序？

各事业单位应当将改革的任务目标、发展方向、阶段性工作措施等重大事项向职代会报告，让职工代表知情参与；应当将由政府及有关职能部门制定的涉及职工切身利益的人事、收入分配、社会保险等规定事项的执行情况提交职代会审议，接受职工代表的监督；应当将由单位内部自行制定的岗位聘用管理、绩效工资分配实施办法，职业年金、对职工的考核奖惩等方案草案，以及转企改制中与职工切身利益相关的具体操作方案草案等，在经领导班子集体讨论、听取职工代表意见并修改完善，提交职代会审议通过后实施；应当通过职代会或公开栏、局域网等载体及时公开转企改制单位职工的社会保险费、住房公积金交缴情况以及其他与职工利益相关的事项，接受职工的监督，维护职工的权益。

38. 企业重大改革调整方案及涉及职工分流安置方案应当如何履行职代会民主程序？

（1）企业在实施改革调整前一般会制定改革调整的总体方案和涉及职工分流安置的具体方案，在劳动关系实操处理中通常将前者称为“大方案”，将后者称为“小方案”；

（2）对于企业改革调整的“大方案”，企业在制定方案之初，应当吸纳工会主要负责人参加，并会同工会听取职工代表意见和建议，在完善方案草案后，提交职代会审议或其他形式听取职工（代表）的意见和建议；

（3）对于企业改革调整的“小方案”，企业与工会应当在充分协商共同起草制定的基础上，通过座谈会等形式听取职工的意见和建议，并提交职代会审议，征得职工代表同意或认可；对于国有、集体及其控股企业，应当在履行上述程序基础上进行无记名投票表决，获过半数赞成票通过后方可实施。

39. 非公企业职代会审议通过权的主要内容有哪些?

非公企业的集体合同草案以及工资集体协议、女职工权益保护、劳动安全卫生等专项协议草案，以及其他涉及职工切身利益的重大事项。

40. 在处理群体性劳资纠纷中应当如何履行法定的协商民主程序?

企事业单位因劳动关系变更方案引发群体性劳资纠纷，应当依照规定开展集体协商，形成的专项集体合同草案应当经职代会审议通过后实施。在此过程中，企事业单位的上级工会应及时介入，指导和督促企事业单位及时公开相关事宜，强化沟通协商，完善方案或草案，并切实做好劳资双方相关工作，确保劳动关系矛盾平稳有序得到化解，职工权益得到有效维护。

41. 履行职代会审议通过权时的操作步骤有哪些?

（1）企事业单位与工会就审议通过事项在充分协商的基础上，共同起草制定相关的方案或草案；

（2）可以根据需要，就这些涉及职工切身利益重要事项的方案或草案，组织召开专题会议，听取职工代表的意见建议。

（3）组织职工代表团（组）讨论审议，对有关方案或草案提出修改、完善的意见和建议。

（4）根据职工代表团（组）的意见和建议协商修改方案或草案。职工代表对涉及职工切身利益重要事项的方案或草案意见分歧较大的，企事业单位与工会协商修改后，应当再次通过职工代表团（组）听取意见和建议。

（5）组织召开职代会，向职代会报告代表团（组）讨论情况及修改情况说明，并再次听取职工代表意见建议。

（6）提交职代会进行无记名投票表决，获得全体职工代表过半数赞成票后方可实施。

42. 集团公司职代会职权与基层企业职代会职权有何不同？

集团公司职代会的职权与集团公司的管理权限相一致，应侧重于围绕决策发展等方面带有全局性、根本性、指导性的重大问题，以及涉及职工切身利益事项中带有普遍性、倾向性的重大问题。具体来讲，集团公司职代会的审议建议权应侧重整个集团公司的经营发展规划、劳动关系总体状况等方面的知情审议；审议通过权则应侧重在涉及整个集团公司职工薪酬福利、劳动用工管理、劳动关系建立和变更补偿等原则方案的通过实施。而基层单位职代会权限应与其管理权限相匹配，对于集团公司的原则要求、总体方案，应根据本单位的实际情况予以细化。集团公司职代会形成的决议对所属基层单位具有指导、规范、管控和制约作用，下级职代会形成的决议不能与上级职代会的精神相违背。

43. 职代会审查监督事项包括哪些？

下列事项应当向职代会报告，并接受审查监督：

（1）职工代表大会提案办理情况；

（2）职工代表大会审议通过的重要事项落实情况；

（3）集体合同和专项集体合同履行情况；

（4）劳动安全卫生标准执行、社会保险费交缴、职工教育培训经费提取使用等情况；

（5）法律法规规定或者企事业单位与工会协商确定应当向职工代表大会报告并接受审查监督的其他事项。

44. 如何落实审查监督权？

（1）企事业单位、工会根据各自职责贯彻职代会决议，并通过职工代表巡视或民主管理专门小组（委员会）工作，督查职代会决议和法律法规的落实情况。对于发现的问题，企事业单位应予以答复并及时整改。

（2）企事业单位、工会根据贯彻落实情况起草相关工作报告。

（3）组织职工代表分团（组）讨论，在听取意见和建议并修改完善的基础上，向职代会作报告，接受职代会审议；也可组织职工代表对审查监督事项的落实情况进行质量评估。

45. 哪些人员应由职代会民主选举产生？

（1）民主管理专门小组（委员会）成员；

（2）董事会和监事会中的职工代表；

（3）法律法规规定或者企事业单位与工会协商确定应当由职代会民主选举产生的其他人员。

46. 选举职工董事、职工监事的具体程序有哪些？

职工董事、职工监事的候选人由公司工会或职代会、职代会联席会议提名，报给所在公司党组织审核，并报告上一级工会；没有党组织的公司可由上一级工会组织审核。工会主席一般应作为职工董事的候选人，工会副主席一般应作为职工监事的候选人。其他符合条件的职工代表也可以作为职工董事、职工监事的候选人。

职工董事、职工监事由公司职代会以无记名投票方式选举产生。职工董事、职工监事候选人必须获得应到会代表的过半数赞成票方可当选。国有及国有控股公司职工董事、职工监事产生后，应按照企业管理权限报上级党组织（上级主管部门）和上级工会备案。

尚未建立工会和职代会制度的企业，应在上级工会的指导下，先行建立工会组织，并同步建立职代会制度，通过职代会选举产生职工董事、职工监事。

47. 哪些人应当接受职代会民主评议？

（1）董事会和监事会中的职工代表。

（2）国有、集体及其控股企业和事业单位的领导班子成员，主要包括企事业单位的党组织正副书记、正副董事长、内设监事会的正副监事长、正副经理、财务总监、“三总师”（总工程师、总会计师、总经济师）等领导班子人员。企事业单位下属的分支机构负责人也应当在其分支机构的职代会上接受职工代表的民主评议。

（3）法律法规规定或者企事业单位与工会协商确定应当接受职代会民主评议的其他人员，这里主要是指企事业单位自行决定的中层管理人员等。

48. 职代会民主评议企事业单位领导人员的主要内容有哪些？

职代会民主评议应当围绕企事业单位领导人员的任期目标和岗位职责，对领导人员的德、能、勤、绩、廉进行全面评议，既要评议领导班子的整体情况，也要评议领导成员个人表现。

国有企事业单位职代会民主评议领导班子的主要内容应当包括：贯彻执行党和国家的方针、政策情况；遵守党的纪律和国家的法律、法规情况；企事业单位经营管理和国有资产保值增值情况；推进企事业单位精神文明建设情况；思想作风、精神状态、职业道德、勤奋敬业和廉洁自律情况。

49. 职代会民主评议工作如何组织实施？

职代会民主评议工作由民主管理专门小组（委员会）负责，每年进行一次。民主评议的基本程序为：

（1）被评议人员在职代会上作述职、述廉报告，接受职工代表质询；

（2）组织职工代表无记名测评；

（3）召开职工代表座谈会或进行个别职工访谈听取意见；

（4）汇总无记名测评结果和职工代表对被评议对象的评议意见；

（5）向被评议对象反馈民主评议结果，并向职代会报告民主评议情况；

（6）按照干部管理权限将民主评议结果报送干部主管部门和上一级工会。

民主评议的结果应作为对领导人员使用和奖惩的重要依据之一。对民主评议测评中称职及以上等级的得票率低于60%的领导人员，职代会应当向干部主管部门提出对该领导人员的撤免建议。

50. 如何评议职工董事、职工监事？

职工董事、职工监事应当每年一次向职代会作述职报告，接受监督、质询和考核。述职报告主要内容包括：

（1）全年出席董事会、监事会会议情况，包括未出席会议的原因、次数；

（2）根据相关规定要求和工作职责开展工作，并在董事会、监事会会议上发表意见和参与表决的情况，包括投出弃权票或者反对票的情况和原因；

（3）对公司劳动关系重大问题和职工切身利益重要事项进行调查。反映职代会意见和职工利益诉求；与董事会、监事会其他成员以及公司管理层进行交流磋商等情况；

（4）参加教育培训，以及根据相关法律、法规、规范性文件和公司章程履行职工董事、职工监事职务所做的其他工作等情况。

职工董事、职工监事应当形成书面材料，向职代会报告。职代会要组织职工代表对职工董事、职工监事履职情况以无记名表决方式进行评议，根据评议结果提出奖惩建议。对职代会民主评议不称职率高于40%的，职代会应当对该名职工董事或职工监事履行罢免程序。

51. 职代会的届期如何确定？

《上海市职工代表大会条例》第22条规定："职工代表大会每届任期为三年至五年。"实践中，职代会接受同级党组织领导。工会是职代会的工作机构。通常情况下职代会换届与党组织和工会换届应当保持同步，既可持续稳定地接受同级党组织的领导，充分发挥工会的组织、协调、运作、实施作用，也有利于职代会的正常运行和作用发挥。

52. 职代会延期换届如何操作?

职代会是一项以程序规范确保内容公正的制度，应当按期换届，保证职代会的合法性。遇到需要延期换届的特殊情况，如企事业单位改制或者发生其他重大调整等突发情况，致使企事业单位不能按期换届的，应当按照《上海市职工代表大会条例》第 22 条“职工代表大会因故需要延期换届的，延期时间不得超过一年”的规定，并按下列三个程序执行：一是职代会延期换届须经企事业单位与工会协商一致；二是工会应将职代会延期换届的理由向上一级工会报告；三是企事业单位应当将职代会延期换届的理由和延期时间告知全体职工。

53. 职代会主席团的人数和构成是怎样的?

职代会选举产生的主席团主持会议，处理大会期间有关重大问题。职工人数少于三十人的企事业单位，可以选举大会执行主席一人；职工（代表）人数在三十人至一百人的，主席团可以设三至五人；职工代表人数在一百人以上的，主席团人数不得少于七人。企事业单位可结合实际情况，根据职代会会议规模，确定主席团人数。

职代会主席团成员必须是本届职代会正式代表，其构成一般应包括企事业单位一线职工和一般管理技术人员、中高级管理人员等，其中，一线职工代表的比例不得少于百分之五十。企事业单位应当推荐在职工中认可度较高，具有凝聚力和号召力的职工代表，如劳动模范、先进工作者等，作为主席团成员中一线职工代表的候选人。

54. 职代会主席团如何产生?

（1）企事业单位工会与企事业单位协商确定提名方案，确定人数和成员结构；

（2）在广泛征求职工群众意见的基础上，提出候选人初步建议名单；

（3）听取企事业单位对候选人初步建议名单的意见，并与企事业单位协商确定候选人建议名单；

（4）将候选人建议名单提交职代会预备会议审议，并表决通过后，职代会主席团方可正式成立。

55. 职代会主席团的职责是什么？

（1）主持召开职代会、领导大会期间的各项活动；

（2）听取和综合各职工代表团（组）对各项议题审议的意见；

（3）审议大会议题中需要通过和决定的事项，草拟大会决议；

（4）处理大会期间有关民主管理的重大问题等。

职代会主席团是职代会会议期间的组织领导机构，其主要职责是保证职代会依法正常进行，但是不能代替行使职代会的职权，职代会闭会期间，主席团不再履行职责。

56. 职代会主席团的主席一般由谁担任？

一般情况下，应当选举企事业单位的工会主席担任主席团主席。因为工会是职代会的工作机构，工会主席通常比较了解职代会制度，熟悉行使各项法定职权的民主程序，能更好地行使权利。此外，在职代会闭会期间，对于需要贯彻落实的事项，工会主席可以通过民主管理专门小组（委员会）与工会工作相互结合，进一步推动职代会决议的贯彻落实。

57. 企事业单位职代会如何设置民主管理专门小组（委员会）？

企事业单位可以结合职代会的职权内容和本单位的实际需要，设立集体协商、薪酬福利、劳动用工、劳动安全卫生、提案工作、民主评议等民主管理专门小组（委员会）。规模较小的企事业单位也可以设立一个综合性的民主管理专门小组（委员会），履行相应职责。企事业单位还可以根据工作需要设立一些临时性的民主管理专门小组（委员会），承担阶段性工作。

民主管理专门小组（委员会）的主要任务是组织职工代表开展民主管理专项活动，办理职代会交办的有关事项，其主要职责一般包括：

（1）开展与本专门小组（委员会）专项内容对口的专题调研、巡视检查、督查落实、提案处理等工作；

（2）在职代会召开前对提交职代会审议、审议通过或审查监督的有关议案、报告进行预审，提出专业的分析报告或具体建议；

（3）在职代会闭会期间，对提交职代会联席会议协商处理的重要事项，提出专业的分析报告或具体建议；

（4）配合工会组织开展相关日常民主管理活动，及时反映职工群众的意见、建议和诉求；

（5）办理职代会交办的其他事项。

58. 如何建立民主管理专门小组（委员会）？

民主管理专门小组（委员会）的设立应当由职代会筹备工作组在职代会新建或换届方案中予以明确，包括专门小组（委员会）的数量、成员名额及分配方案，并报筹备领导小组审核通过。

专门小组（委员会）的负责人应当由职代会的正式代表担任，但企事业单位相关职能部门的主要负责人一般不能担任。专门小组（委员会）成员一般由正式职工代表担任，也可以聘请部分熟悉相关业务的非职工代表担任。

专门小组（委员会）建议名单应提交职代会正式会议选举产生。组长（主任）、副组长（副主任）由专门小组（委员会）第一次会议民主推选产生。

59. 如何规范运行职代会联席会议？

职代会联席会议是企事业单位在职代会闭会期间，对需要及时处理和临时解决的某些重要事项进行协商，达成共识，作出临时处理结果的制度。联席会议由工会负责召集，工会主席主持，由职工代表团（组）长、民主管理专门小组（委员会）负责人、主席团成员、董事会和监事会中的职工代表、工会委员会委员参加。企事业单位也可以结合实际情况，根据会议内容邀请相关人员参加。

联席会议的程序一般为：

（1）企事业单位与工会根据有关规定协商确定联席会议议题；

（2）根据议题形成书面议案，并送交相关成员；

（3）召开联席会议审议讨论相关事项；

（4）形成协商处理的意见；

（5）会后七个工作日内，通过公开栏、内部报刊、内部网站等形式向全体职工公布；

（6）向下一次职代会报告，并予以确认。

60. 职代会的经费应从哪里列支？

职代会经费是企事业单位职代会正常运作的物资保障，根据《上海市职工代表大会条例》第 27 条“职工代表大会的经费由企事业单位在管理费用中列支”的规定。职代会经费一般性包括：职代会会务支出、会议材料、场地设备，以及组织职工代表开展日常民主管理活动，开展职工代表培训等支出。

61. 如何确定职代会的议题和议程？

职代会的议题是指职代会依据法定职权与程序讨论的事项，只要涉及职代会职权范围内的事项都应作为职代会的议题，提交职代会履行相应的职权。职代会的议程是指在职代会上讨论议题的程序。议程的设置取决于职代会讨论事项和对该事项行使的职权。职代会的议题和议程应当由工会听取职工意见后与单位行政方协商确定。

具体来说，确定职代会议题和议程的一般程序为：

（1）工会通过各种途径广泛征求、充分听取职工群众特别是职工代表的意见和建议，提出议题和议程的建议；

（2）工会将拟定的建议方案与单位行政方协商，确定职代会的议题和议程草案，并提交党组织讨论通过；

（3）提交职代会预备会议审议后实施。

62. 提交职代会审议和审议表决的书面材料何时送交职工代表？

按照《上海市职工代表大会条例》第30条规定：提交职工代表大会审议和审议表决的书面材料，应当在职工代表大会召开的七日前送交职工代表；职工代表团（组）应当组织职工代表讨论，由工会及时汇总整理职工代表团（组）的意见和建议。这便于给职工代表审议讨论留下足够的时间，为在职工代表团（组）讨论中发表意见、提出建议做好准备。

63. 职代会代表的出席人数有何规定？

按照《上海市职工代表大会条例》第28条规定，职工代表大会须有全体职工代表三分之二以上出席，方可召开。企事业单位在召开职代会前应当进行现场人数的清点，确保出席人数达到法定要求，以便职代会的审议能够充分发扬民主，代表多数人的意见，并使表决能够确保合法性和权威性。

64. 怎样组织职工代表团（组）讨论？

组织职工代表团（组）充分讨论属于职代会审议建议、审议通过、审查监督等权限范围内的有关事项是职代会会议期间的一个重要环节。

企事业单位在实际操作中，需要把握以下几点：一是要发挥工会是职代会工作机构的作用，每次会议召开的七日前，将需要审议和审议通过事项以书面形式发放至职工代表手中，并做好政策咨询、答疑解惑和开展培训等工作；二是要教育职工代表要有代表意识，收到需要审议和审议通过的书面材料后，应及时征求所在选区职工的意见和建议，并在审议讨论过程中将所在选区职工的意见和建议反映出来；三是要引导职工代表认真参与团（组）讨论，职工代表对涉及职工切身利益重要事项的方案或草案意见分歧较大的，企事业单位和工会应当协商修改后，再次通过职工代表团（组）听取意见和建议。

65. 企事业单位应当如何规范职代会无记名投票表决程序？

职代会无记名投票表决作为一项刚性制度予以推行，能够保障职工代表在不受任何干扰前提下按照真实意愿行使民主权利，实践中得到了企事业单位和职工的高度认同，也体现了民主管理的核心要义。基层单位应当按照法定要求，注意把握以下方面：一是职代会审议通过的事项必须经无记名投票表决。二是表决事项须获得应到职工代表过半数赞成票方为通过，表决结果应当场公布。三是如果职代会对多个事项进行表决时，应当分项表决，以确保职工代表对每一事项都能准确行使民主权利。

66. 职代会怎样形成决议？

职代会决议是以书面形式记载，经职代会审议表决形成的大会最终结果。职代会决议具有权威性和约束性，一经大会通过即产生效力。职代会决议由大会主席团起草。企事业单位应当根据代表团（组）讨论和会议情况，形成大会决议草案，提交职代会审议表决，其方式一般采取举手表决，表决须获得应到职工代表过半数赞成，决议方为通过。

67. 如何公布职代会决议？

职代会决议的公布是便于职工了解掌握职代会精神，更好地落实和执行职代会决议的基本途径，它是一项必经的程序。

企事业单位在执行过程中应当注意把握以下几点：一是职代会决议应当向全体职工公布；二是决议一般在职代会闭会后七个工作日内予以公布；三是企事业单位一般可通过内部网站、公开栏、内部报刊等形式予以公布，并确保公布的信息完整和真实，以保障职工的知情权，确保职代会决议落到实处。

68. 已经职代会审议通过的事项需要修改调整时应当如何操作?

《上海市职工代表大会条例》第 34 条规定：职工代表大会在其职权范围内审议通过的事项对本单位及全体职工具有约束力，未经职工代表大会重新审议通过不得变更。如果企事业单位需要对已经职代会审议通过的事项修改调整时，应当按照职代会法定程序，重新予以审议表决。而涉及非职工切身利益的其他事项，企事业单位可以通过召开职代会联席会议进行协商处理，处理结果应当向下一次职代会报告。

69. 职代会提案的主要内容有哪些?

提案应当包括企事业单位经营管理和职工切身利益重大事项等各方面的问题。具体而言，企事业单位可以围绕党建工作、生产经营、改革改制、企业文化、劳动人事、薪酬福利、劳动保护、职工教育和生活后勤等各方面，组织开展提案工作，完善企事业单位经营管理，维护职工权益，促进企事业单位与职工共同发展。

70. 如何撰写职代会提案?

职工代表所提提案应当是本单位和职代会职权范围内的问题，并且符合企事业单位和大多数职工的利益问题，而不是仅仅局限于个别人的具体事项。一般来说，撰写职代会提案应当符合下列要求：

（1）职代会提案应包括案题、案由和建议。

案题是指该提案的题目，是对提案内容的高度概括。

案由是指提出的问题，并对问题作简要陈述。职工代表要深入调查研究，既要了解好的一面，又要了解掌握存在的问题和不足，做到言之有理、言之有据。

建议是指针对存在的问题，结合企事业单位实际情况，提出解决问题的对策措施。

（2）提案应当由三名以上正式职工代表合议提出，一般情况下，由一人提出、二人以上附议才能成立。

（3）职代会提案应一事一案、简明扼要、符合实际、切实可行。

71. 如何开展职代会提案工作？

（1）职代会筹备期间，企事业单位应当集中向职工代表征集提案，具体由各代表团（组）组织实施，各代表团（组）可以就某项议题开展调查研究，并组织相关职工代表和专业人员论证后，提出提案。

（2）职代会提案专门小组（委员会）负责收集整理职工代表提案，联合专业部门对提案进行审理，并根据提案的内容、可行性情况等提出“立案”“建议”“不予受理”的意见。

（3）将“立案”和“建议”的提案分别填写提案审理单，根据事项内容分送企事业单位分管领导阅示后，转送有关职能部门实施落实。

（4）职代会提案专门小组（委员会）应当将提案各类处理情况答复提案人。

（5）职代会提案专门小组（委员会）应当督促提案办理部门在规定时间内完成提案办理工作，并负责审查汇总提案落实情况，并及时反馈给提案人，征求其对提案审理落实情况的满意度、意见和建议。

（6）职代会提案专门小组（委员会）应当将提案落实情况形成书面材料，并向下一次职代会报告。

72. 职代会巡视检查工作的人员组成包括哪些？

职代会巡视检查工作由企事业单位工会牵头组织实施，各有关部门应当主动配合为职工代表巡视检查提供必要的条件。职代会巡视检查工作应当以职工代表为主，其巡视检查活动所占用的生产、工作时间，按正常出勤对待。

73. 巡视检查的主要内容有哪些？

一是职代会审议通过的重要事项和决议的贯彻落实情况；二是集体合同的履行情况；三是职代会提案的办理情况；四是企事业单位执行劳动法律法规的情况；五是职工群众关心的其他热点问题。

74. 巡视检查的一般程序？

一是根据巡视检查的内容确定被检查的单位或部门；二是听取、核对、检查被检查单位或部门执行职工代表大会决议的情况；三是如发现问题，及时提出整改意见和建议，督促被检查单位或部门整改，并跟踪整改情况；四是由工会形成巡视检查专项报告，提交下一次职代会审议。

75. 职代会质量评估工作的主要内容是什么？

职代会质量评估工作的主要内容包括：一是职代会制度总体运行情况；二是职代会职权落实情况；三是履行职代会民主程序规范性的情况。

76. 如何做好职代会质量评估工作？

一是工会应在职代会会议期间或闭会之后的适当时间，组织职工代表填写《职代会质量评估表》，对本单位职代会的运行情况进行质量评估。二是工会在组织职工代表做好质量评估工作时，要教育引导职工代表全面、客观、公正地对职代会制度运行情况进行评估，以此促进本单位职代会制度持续落实。三是工会就职工代表在质量评估中反映出的问题和不足，会同企事业单位进行研究，提出整改意见并落实。四是整改落实情况应当形成书面材料，向下一次职代会报告，接受职工代表审议。

77. 如何做好职代会的档案管理工作？

（1）应建立健全职代会档案管理工作制度，对职代会档案材料的鉴别、移交、转递、分类、登记、借阅及检查等程序进行严格的规定，以保证档案内容的连续性、完整性、真实性，从而有效避免弃档、档案管理混乱、有档无内容等现象的发生。

（2）由于档案管理工作要求较高且专业性较强，因此，职代会的档案管理工作应由专人负责，同时要加强定期的工作检查。

（3）职代会档案的分类和归档应以每届次为依据，每次职代会结束后应当及时对与本届次职代会相关的材料进行归档保管并装订成册。具体类别可分为职工代表类、会议资料类、代表提案类等部分。

职工代表类：具体包括职工代表的选举产生办法、职工代表名册及基本情况、职工代表的管理等。

制度材料类：具体包括职代会的会前、会中、会后等各类制度文件、会议材料。

代表提案类：具体包括职代会提案的组织管理、代表提案、提案处理、检查督促、评估奖励等内容。

第 3 章 | 企事业单位职工代表大会工作流程及范例

企事业单位职工代表大会总流程图

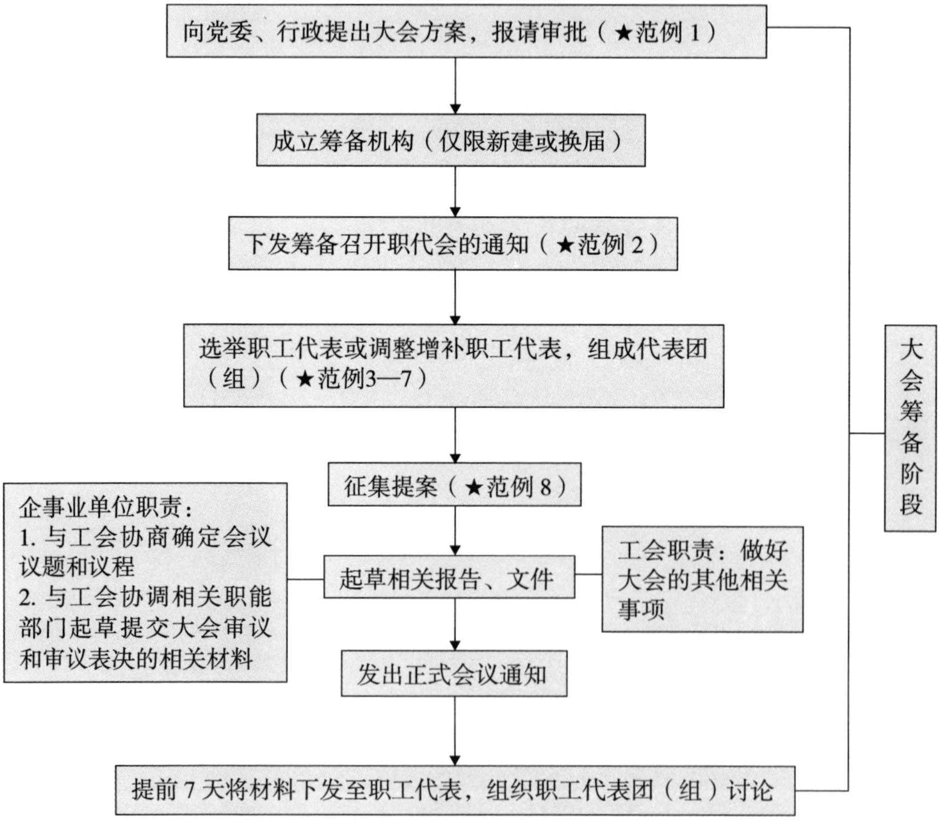

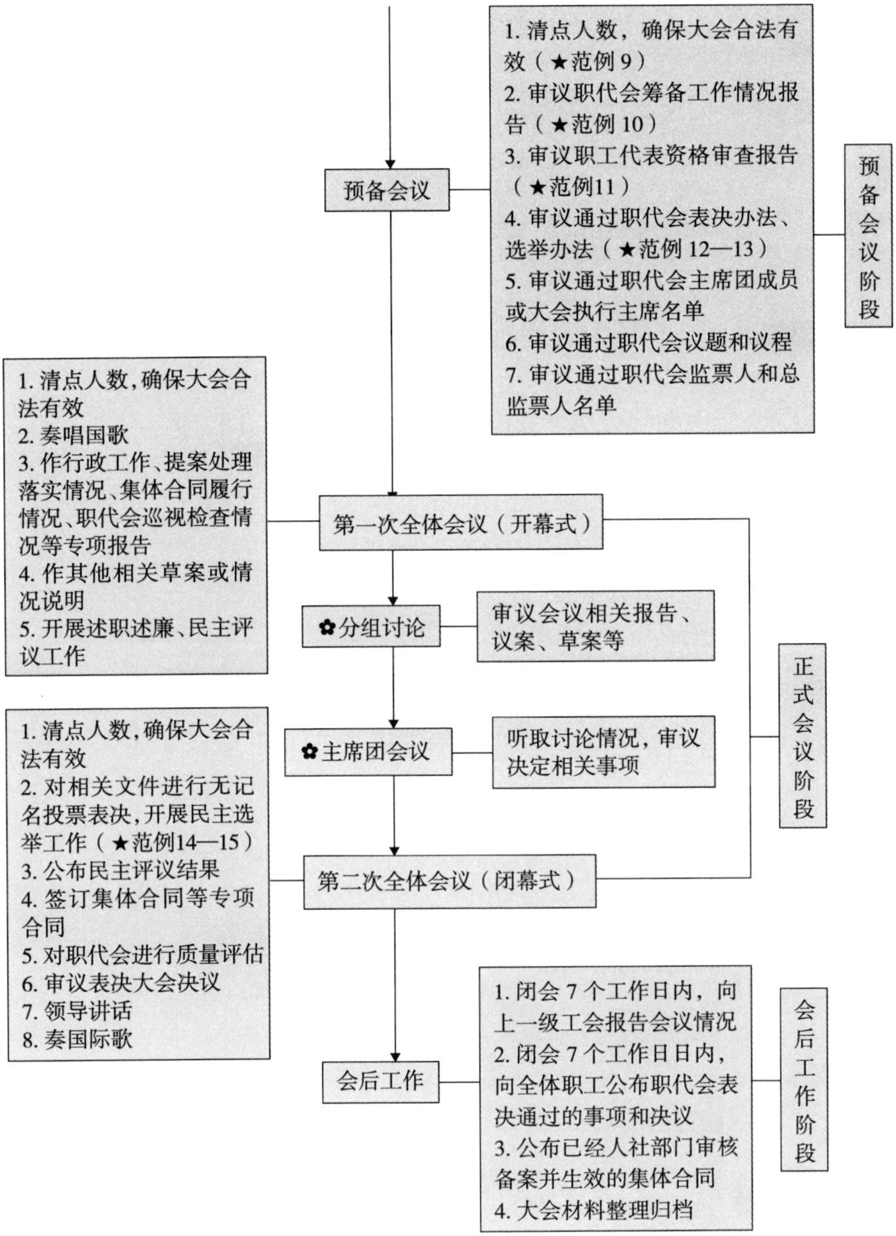

注：✿可根据企事业单位实际情况确定召开次数。

审议建议权流程图

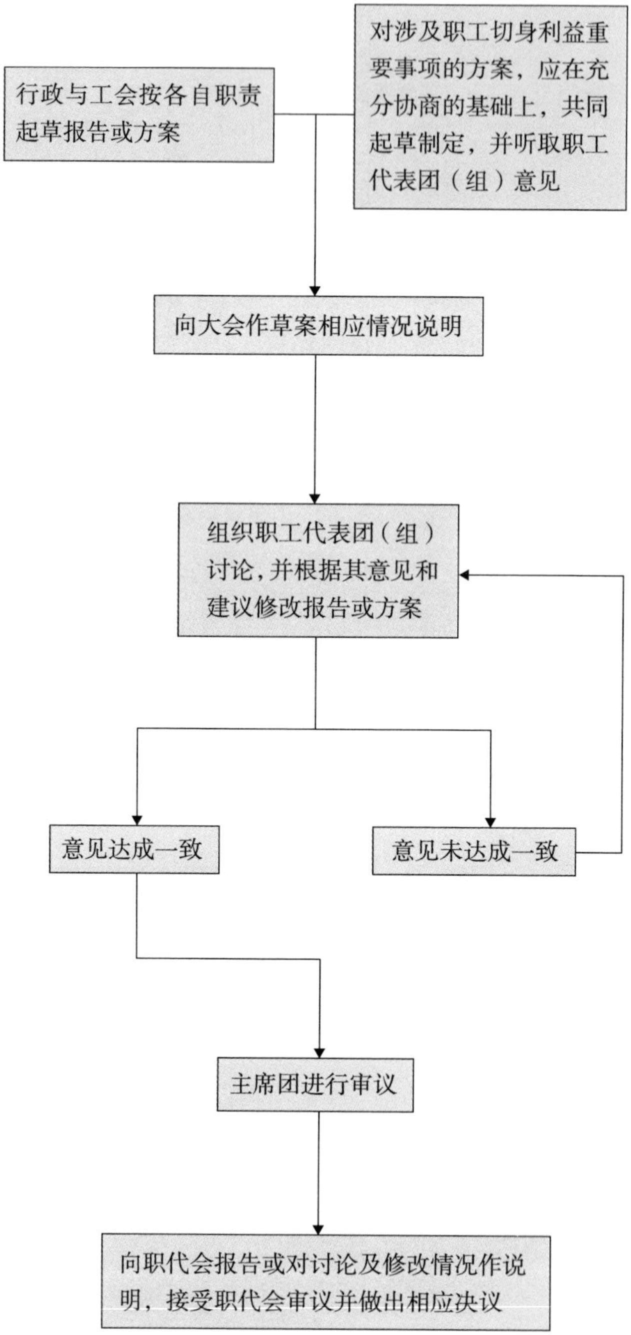
行政与工会按各自职责起草报告或方案
对涉及职工切身利益重要事项的方案，应在充分协商的基础上，共同起草制定，并听取职工代表团（组）意见
向大会作草案相应情况说明
组织职工代表团（组）讨论，并根据其意见和建议修改报告或方案
意见达成一致
意见未达成一致
主席团进行审议
向职代会报告或对讨论及修改情况作说明，接受职代会审议并做出相应决议

审议通过权流程图

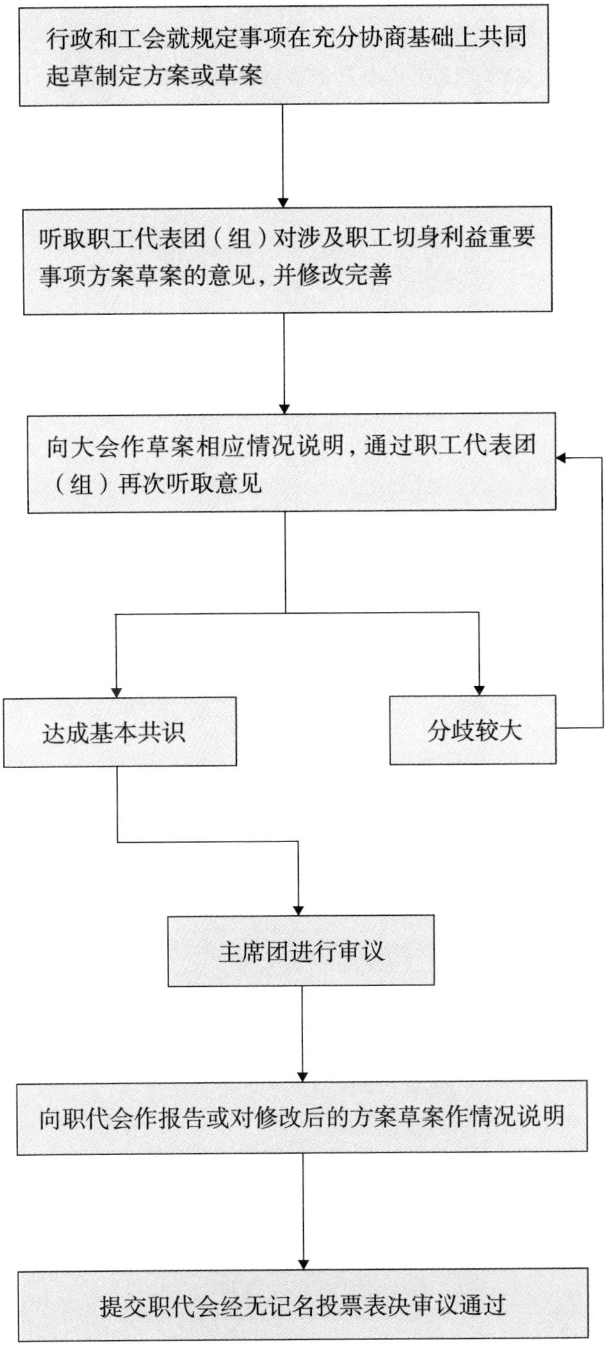
行政和工会就规定事项在充分协商基础上共同起草制定方案或草案
听取职工代表团（组）对涉及职工切身利益重要事项方案草案的意见，并修改完善
向大会作草案相应情况说明，通过职工代表团（组）再次听取意见
达成基本共识
分歧较大
主席团进行审议
向职代会作报告或对修改后的方案草案作情况说明
提交职代会经无记名投票表决审议通过

审查监督权流程图

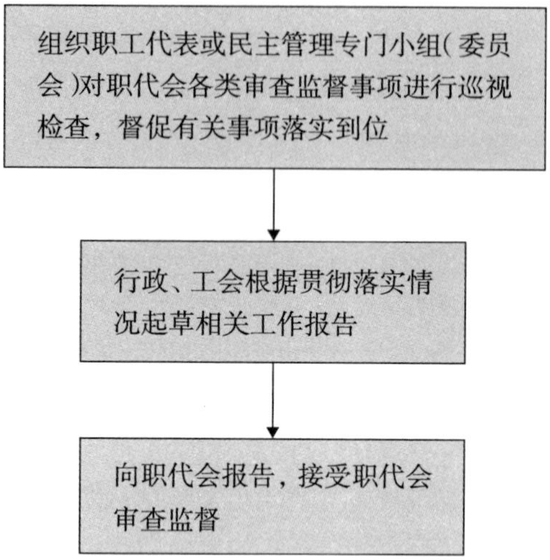

民主选举权流程图

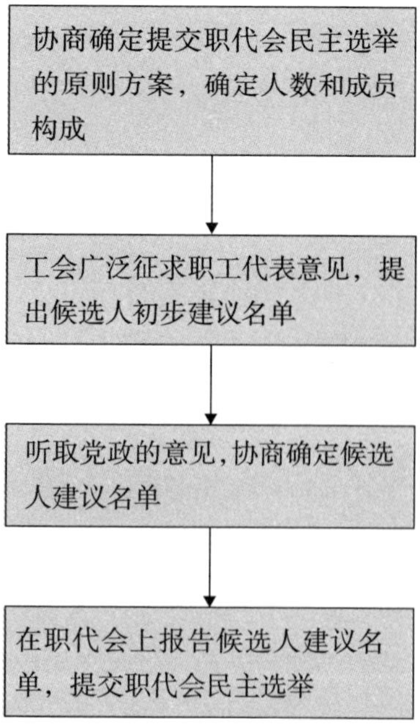

民主评议权流程图

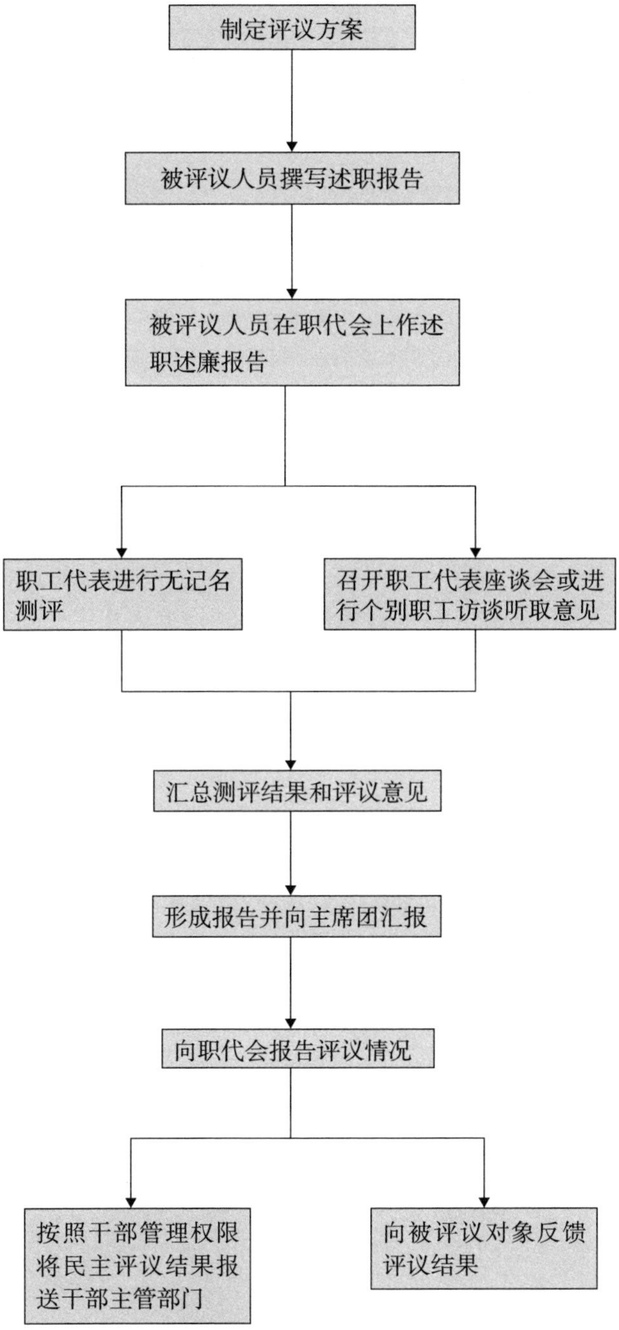
制定评议方案
被评议人员撰写述职报告
被评议人员在职代会上作述职述廉报告
职工代表进行无记名测评
召开职工代表座谈会或进行个别职工访谈听取意见
汇总测评结果和评议意见
形成报告并向主席团汇报
向职代会报告评议情况
按照干部管理权限将民主评议结果报送干部主管部门
向被评议对象反馈评议结果

无记名投票表决（选举）流程图

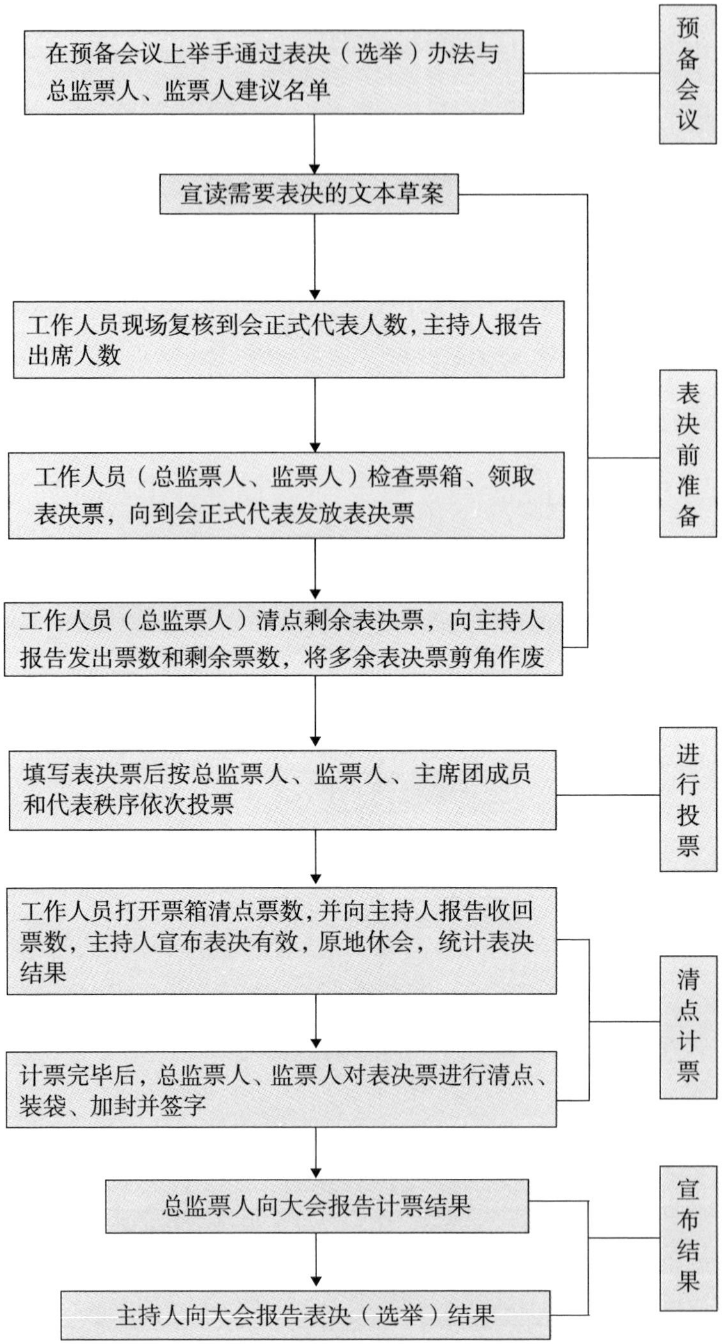

提案工作流程图

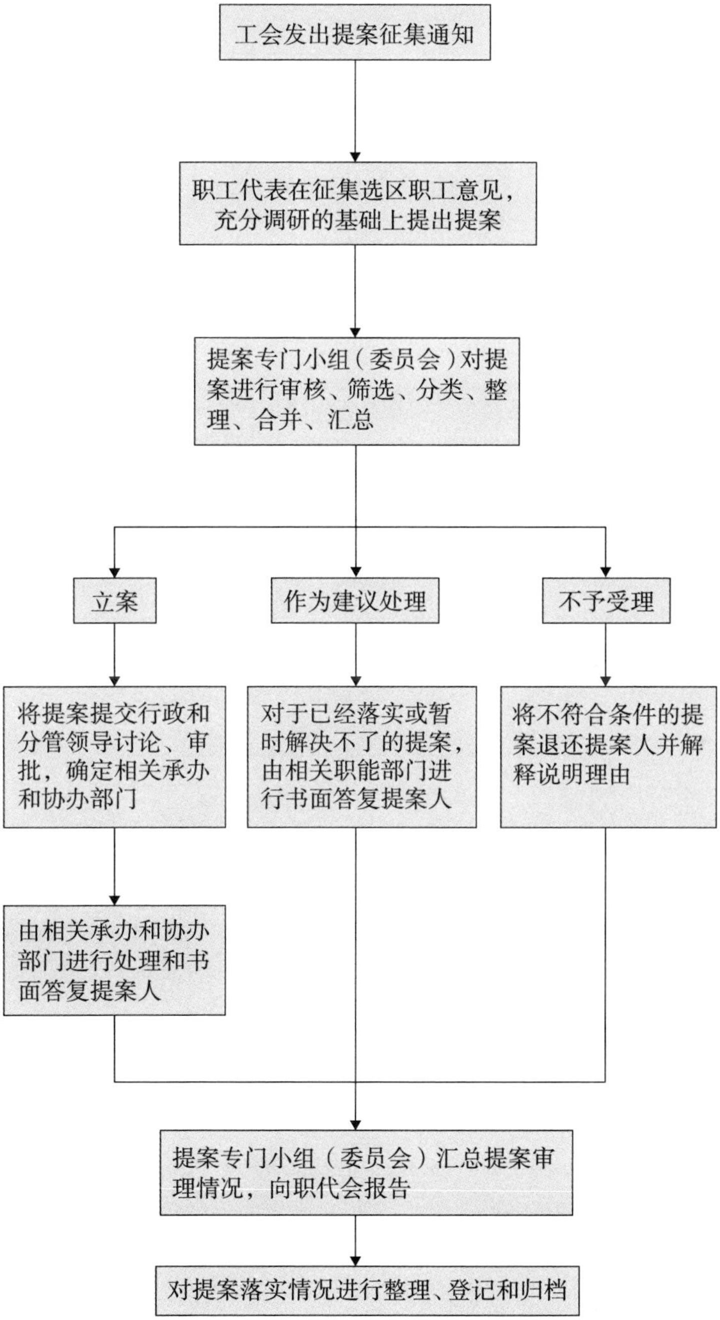
工会发出提案征集通知
职工代表在征集选区职工意见，充分调研的基础上提出提案
提案专门小组（委员会）对提案进行审核、筛选、分类、整理、合并、汇总
立案
作为建议处理
不予受理
将提案提交行政和分管领导讨论、审批，确定相关承办和协办部门
对于已经落实或暂时解决不了的提案，由相关职能部门进行书面答复提案人
将不符合条件的提案退还提案人并解释说明理由
由相关承办和协办部门进行处理和书面答复提案人
提案专门小组（委员会）汇总提案审理情况，向职代会报告
对提案落实情况进行整理、登记和归档

巡视检查工作流程图

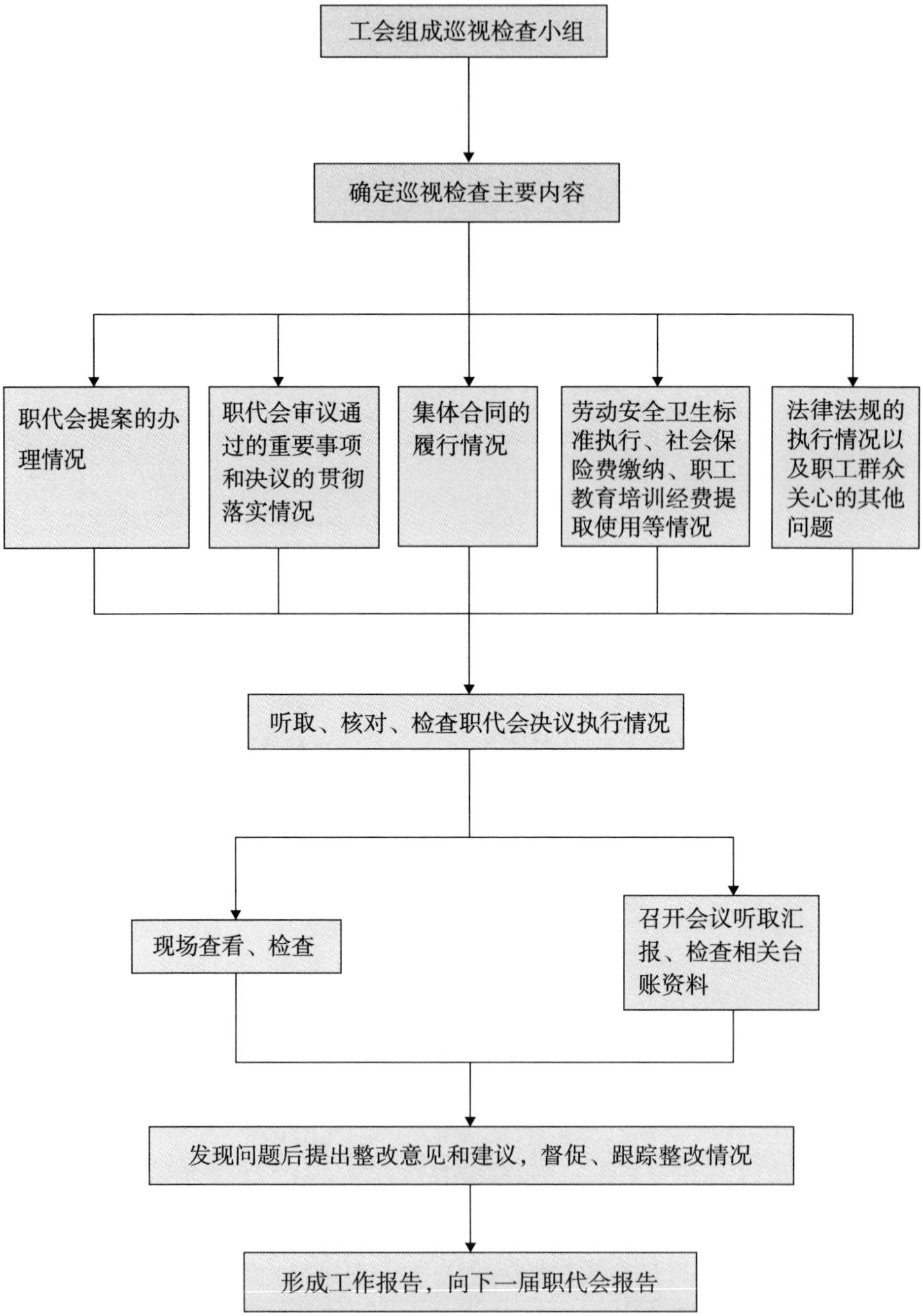
工会组成巡视检查小组
确定巡视检查主要内容
职代会提案的办理情况
职代会审议通过的重要事项和决议的贯彻落实情况
集体合同的履行情况
劳动安全卫生标准执行、社会保险费缴纳、职工教育培训经费提取使用等情况
法律法规的执行情况以及职工群众关心的其他问题
听取、核对、检查职代会决议执行情况
现场查看、检查
召开会议听取汇报、检查相关台账资料
发现问题后提出整改意见和建议，督促、跟踪整改情况
形成工作报告，向下一届职代会报告

质量评估工作流程图

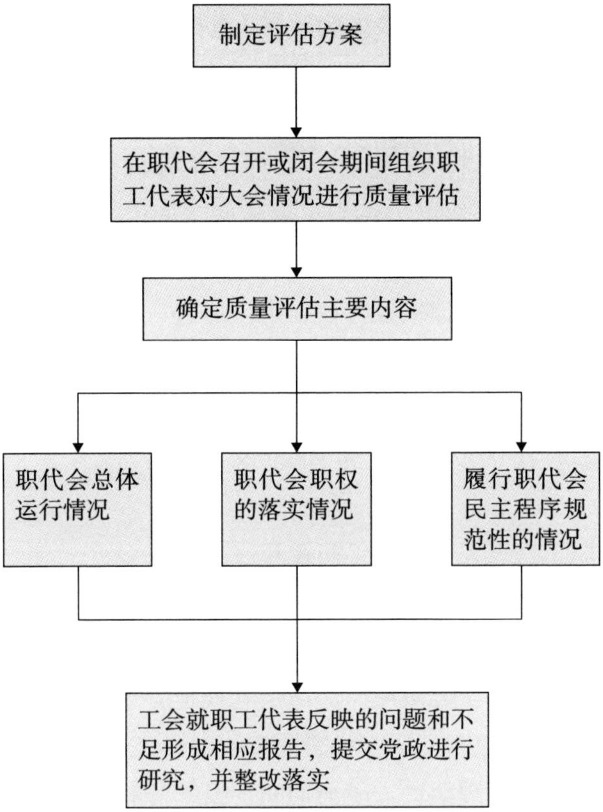

范例 1

关于筹备（筹建）召开 ×× 公司第 × 届职工代表大会的请示

×× 公司党组织 / ×× 公司 / 上级工会：

根据《中华人民共和国公司法》《中华人民共和国劳动法》《中华人民共和国劳动合同法》和《上海市职工大会条例》的相关规定，×× 公司进入实质性运作后，为了完善公司管理制度体系，需要建立职工代表大会制度。

现就职工代表大会筹备工作提出如下意见:(如果是换届的，则可以这样表述：公司第 × 届职工代表大会将于 ×××× 年 ×× 月任期届满，准备年内启动换届工作。现就职工代表大会换届工作提出如下意见：)

一、指导思想

职工代表大会（职工大会）是企事业单位实行民主管理的基本形式，是协调劳动关系的重要制度，是职工行使民主管理权力的机构。建立健全 ×× 公司职工代表大会制度，是为了保障职工的民主权利，构建公司和谐稳定的劳动关系，促进职工与公司共同发展。

职工代表大会依法行使审议建议、审议通过、审查监督、民主选举、民主评议等职权。

二、本届职工代表大会的届期和运行

1. 本届职工代表大会的届期为 × 年，自 ×××× 年 ×× 月至 ×××× 年 ×× 月。

2. 本公司职工代表大会每年年初召开一次。

经公司、工会或者三分之一以上职工代表提议，可以临时召开职工代表大会。

对需要及时处理的重要事项（法律法规规定应当提交职工代表大会审议通过的事项除外），可以召开职工代表大会联席会议进行协商处理。

3. 开展日常民主管理活动。闭会期间，组织开展提案工作、巡视检查等民主管理活动。

三、本届职工代表大会代表

1. 职工代表人数

×× 公司第 × 届职工代表大会的正式代表拟定为 ×× 名（占全体职工人数 ×%）。

2. 职工代表结构

根据《上海市职工代表大会条例》规定：职工代表的构成应当以一线职工为主体，且不低于 50%，中、高层管理人员不得超过 20%。

根据公司职工的实际构成情况，本届职工代表中操作服务人员代表约占代表总数的 ×%；专业技术人员代表约占代表总数的 ×%；基层管理人员代表约占代表总数的 ×%；中、高层管理人员代表不超过代表总数的 20%。

女职工代表与本公司女职工人数所占比例相适应。

3. 列席代表

列席代表为未当选正式代表的各车间、科室领导等，以及公司老领导、劳模先进代表、民主党派代表。

四、大会主席团成员

××公司第×届职工代表大会主席团成员拟定为×名。其中一线职工代表应超过半数。

五、民主管理小组（委员会）

××公司第×届职工代表大会拟设立民主管理小组×个，或者拟设立一个综合性民主管理小组。

六、成立职工代表大会筹备工作组

组长：党组织负责人　副组长：工会主席

组员：工会、人力资源、办公室、纪委（监察审计部）

七、成立代表资格审查组

组长：×××

组员：×××、×××、×××、×××、×××

八、工作进度安排

1.××××年××月××日前完成代表选举工作；

2.××××年××月××日前完成代表资格审查，初步确定主席团成员推荐名单、民主管理小组成员推荐名单等；

3.××××年××月××日前完成大会文件和会务准备工作；

4.××××年××月上旬召开××公司第×届职工代表大会。

当否，请批示。

××公司工会

××××年××月××日

范例 2

关于筹备召开 ×× 公司第 × 届职工代表大会的通知

各车间、科室：

根据《中华人民共和国公司法》《中华人民共和国劳动法》《中华人民共和国劳动合同法》和《上海市职工代表大会条例》的相关规定，×× 公司进入实质性运作后，为了完善公司管理制度体系，需要建立职工代表大会制度。（如果是换届的，则可以这样表述：公司第 × 届职工代表大会将于 ×××× 年 ×× 月任期届满，准备年内启动换届工作。）现就职工代表大会筹备工作提出如下意见：

一、代表条件、名额、结构要求及产生办法

1. 代表条件

（1）×× 公司在岗职工。

（2）具有一定的思想政治觉悟，拥护党的路线、方针、政策，遵守国家法律、法规。

（3）热心为职工群众说话办事，受到职工群众的信赖和拥护。

（4）具有一定的参政议政能力，能反映职工群众的意见和建议。

2. 代表名额

×× 公司首届职工代表大会的正式代表定为 ×× 名（占全体职工人数 ×%），代表名额原则上按比例分配到各车间、科室，人数多的单位比例略低，人数少的单位比例略高，同时兼顾到公司党政工团领导代表名额的安排。

3. 代表结构

根据《上海市职工代表大会条例》规定：职工代表的构成应当以一线职工为主体，且不低于 50%，中、高层管理人员不得超过 20%。

根据公司职工的实际构成情况，本届职工代表中操作服务人员代表约占代表总数的 ×%；专业技术人员代表约占代表总数的 ×%；基层管理人员代表约占代表总数的 ×%；中、高层管理人员代表不超过代表总数的 20%。女职工代表与本公司女职工人数所占比例相适应。

4. 产生办法

（1）职工代表由车间、科室民主推选产生。各车间、科室应在本部门职工中推荐代表候选人，并召开职工大会直接选举产生。

（2）各车间、科室在民主协商推荐产生代表候选人名单后，应张榜公布征求职工意见，并上报公司代表资格审查小组进行资格预审。

（3）选举采用无记名投票方式，可以按 10% 比例差额选举，也可以等额选举产生正式代表。代表资格由公司职工代表大会代表资格审查小组审定。

二、列席代表

列席代表为未当选正式代表的各车间、科室领导等，公司老领导、劳模先进代表、民主党派代表。

三、主席团成员名额、结构要求及产生办法

1. 名额和结构要求

××公司第×届职工代表大会主席团成员拟定为×名。其中一线职工代表应超过半数。主席团设秘书长 1 名。

2. 产生办法

主席团成员候选人由各代表小组协商提名（公司党政工团领导由大会筹备组协商提名）。主席团成员候选人名单经职工代表大会筹备组协商并征得公司党组织、公司行政同意后，提交大会采用举手表决的办法选举产生。

四、民主管理小组的设立和产生办法

1. 民主管理小组的设立

××公司第×届职工代表大会设立一个综合性民主管理小组（由××人组成）。民主管理小组设组长 1 名，副组长 1 名（组长、副组长由民主管理小组第一次会议民主推选产生）。

2. 产生办法

民主管理小组成员根据结构要求，一是由各车间、科室在本部门职工代表中提名，二是由公司工会根据工作需要提名聘请若干名熟悉业务、有一定组织领导能力的职工代表或非职工代表人选。推荐名单经大会筹备组协商并征得公司党组织、公司行政同意后，提交大会采用举手表决办法选举产生。

五、职工代表大会的组团工作

××公司第×届职工代表大会将组成×个代表小组，各代表小组民主推荐正、副组长各 1 名，指定联络员 1 名、记录员 1 名。

×× 公司第 × 届职工代表大会组团安排

代表小组序号	组成单位	人数
第一代表小组	×× 车间	××
第二代表小组	×× 车间（13 人） ×× 车间（10 人）	××
第三代表小组	×× 车间（13 人） ×× 车间（10 人）	××
第四代表小组	×× 车间（13 人） ×× 车间（10 人）	××
第五代表小组	×× 车间（13 人） ×× 车间（10 人）	××
第六代表小组	×× 车间（13 人） ×× 车间（10 人）	××

六、成立职工代表大会筹备工作组

组长：党组织负责人

副组长：工会主席

组员：工会、人力资源、办公室、纪委（监察审计部）

七、成立代表资格审查组

组长：×××

组员：×××、×××、×××、×××

八、工作进度安排

1.×××× 年 ×× 月 ×× 日前完成代表选举工作，包括完成代表小组组长、主席团成员、民主管理小组成员的推荐工作；

2.×××× 年 ×× 月 ×× 日前完成代表资格审查，初步确定主席团成员推荐名单、民主管理小组成员推荐名单等；

3.×××× 年 ×× 月 ×× 日前完成大会文件和会务准备工作；

4.×××× 年 ×× 月上旬召开 ×× 公司第 × 届职工代表大会。

×× 公司工会

×××× 年 ×× 月 ×× 日

附件：

××公司第×届职工代表大会职工代表名额分配表

选区及其组成	代表类别 / 代表名额	委托选举（不占名额）	代表结构					主席团成员	
			一线职工50%	一般管理、技术人员30%	中、高层管理人员20%	其中		分配数	结构要求
						青年代表	女性代表		
一选区（销售部等）	10+1	xxx	6	3	1	1		1+1	一线职工代表+委托选举领导
二选区（生产部等）	15+1	xxx	9	4	2	1	1	1+1	中高层管理人员代表+委托选举领导
三选区	9+1	xxx	5	3	1	1		1	一般管理技术人员代表
四选区	20+1	xxx	12	6	3	1	2	1+1	一线女性代表+委托选举领导
五选区	7+1	xxx	4	2	1			1	一线职工代表
六选区	10+1	xxx	6	3	1	1		1	一线职工代表
七选区	12+1	xxx	6	4	2	1	1	1	一般管理技术人员代表
八选区	5+1	xxx	3	1	1			1	一线职工代表

续表

选区及其组成	代表类别／代表名额	委托选举（不占名额）	代表结构					主席团成员	
			一线职工50%	一般管理、技术人员30%	中、高层管理人员20%	其中		分配数	结构要求
						青年代表	女性代表		
公司本部	6+1	xxx	1	4	1	1	2	1+1	一般管理技术人员代表＋委托选举领导
总　计	103	9	52	30	13	7	6	13	

备注：本案中单位职工总数1700余人，女职工数90余人。党政工团领导委托选区选举数9人，直接将具体委托人选明确到相关选区。主席团组成人数13人。

范例 3

××单位第×届职工代表大会职工代表选举办法（草案）

一、根据《上海市职工代表大会条例》《上海市企事业单位职工代表大会工作规范》及有关规定制定本选举办法。

二、××单位第×届职工代表大会的职工代表由各选区（分厂、车间、班组、部门）工会按照分配的名额组织职工民主选举产生。

三、职工代表选举采用无记名投票方式，可以差额选举。职工代表候选人可以由选区职工推荐，也可由选区工会提名并听取职工意见后确定。职工代表候选人的推荐应符合本选区职工代表名额分配中明确的职工代表结构比例。

四、参加选举的职工必须超过选区职工的三分之二，方可进行选举。因故缺席的职工不参加投票，也不能委托他人投票。选举时，收回的选票等于或少于发出的选票，选举有效；多于发出的选票，选举无效，应重新选举。每张选票上所选人数等于或少于应选人数的为有效票，超过应选人数的为无效票。

五、选区选举职工代表时应设工作人员×名，一般设总监票人1名，监票人2名，计票人2名，由本选区工会在非职工代表候选人中提名，并公示通过。工作人员对选区选举工作的全过程进行监督。

六、职工代表候选人得到的赞成票数超过选区全体职工半数以上的方可当选。如获得过半数赞成票候选人不足应选人数的，不再另行补选。

七、职工代表选举结果应当场公布，并在选区内公示。

八、本选举办法经××单位工会委员会审议通过后生效。

范例 4

选举职工代表大会代表的注意事项

一、选举职工代表的选区划分一般应根据企事业单位的组织架构设置和职工人数分布情况进行，可以是分公司（分厂）、分院（校）、分所、部门、车间、班组、科室等。

二、各选区职工代表人数的分配一般应与所在选区职工人数相匹配，并综合考虑代表的结构。职工代表的构成一线职工的比例一般不低于 50%，中高层管理人员不超过 20%。女职工的代表人数要与本单位女职工的比例相适应。

三、职工代表大会没有当然代表，企事业单位党政工团领导人员不能不经选举就作为职工代表。一般应将他们作为委托选举的职工代表候选人，将名单直接列入对应的选区代表名额分配栏内，但不占选区名额（见范例 2 所附职工代表大会职工代表名额分配表中第二列、第三列）。

四、职工代表候选人的产生可以由选区工会提名，并在广泛听取职工意见后确定；也可以由选区工会组织职工民主推荐后集中主要意见确定候选人名单。职工代表候选人人数设置可以是等额，也可以是差额。如果是差额，差额率一般不低于 10%。

五、职工代表候选人的推荐要按照企事业单位职工代表大会名额分配表中明确的本选区职工代表身份的结构比例进行，以确保职工代表大会代表结构符合法律法规及有关规定的要求。候选人产生后要报企事业单位职工代表大会代表资格审查小组进行资格预审。

六、选区工会组织职工代表选举时，参加选举的职工人数必须超过选区职工的三分之二以上，选举方能进行，否则达不到法定人数选举无效。因事、因病缺席的职工不能参加投票，也不能委托他人进行投票。

七、选举职工代表的选票要加盖本选区工会委员会的章，候选人名单排列以姓氏笔画为序。选票下方要写明填写说明，便于职工规范填写选票，行使好自己的民主权利。

八、选区工会应在非职工代表候选人中提名产生工作人员若干名，对职工代表选举的全过程进行监督。一般设总监票人 1 名，监票人 2 名，计票人 2 名，名单需经选区职工通过。

九、选举时，工作人员要清点人数并根据实到人数发放选票，职工填写选票完毕后进行投票。选举不设流动票箱，投票结束工作人员当众开启票箱，清点选票。收回的选票数等于或少于发出的选票数，选举有效；收回的选票数多于发出的选票数，则选举无效，需重新进行投票选举。

十、工作人员计票时需注意：每张选票上所选人数等于或少于应选人数的为有效票，多于应选人数的为无效票，没有填写任何符号的视为弃权，归入有效票。具体计票时要按多少有效票、多少无效票分开进行统计并报告。计票结果应当场公布。

十一、职工代表候选人获得超过选区职工半数以上赞成的则当选；如获得赞成票半数以上的候选人数超过应选人数的，以得票数多的候选人当选；如最后几名候选人获得赞成票数相等不能确定当选人时，应对获得相同赞成票的候选人重新进行投票，以得票多者当选；如获得过半数赞成票候选人不足应选人数的，不再另行补选。

十二、为确保职工代表选举工作顺利进行，选区工会要重视做好职工代表选举的组织工作。

选举前职工代表候选人的推荐要发扬民主，充分听取职工的意见，形成候选人名单后要报上级工会预审。

选举中尽量确保绝大部分的职工参加选举，并引导职工按要求规范填写选票，认真行使好自已的选举权，按应选人数选举职工代表，以避免出现较多弃权票、无效票或者少于应选人数的选票，而致选举没有达到应选人数，影响到选区职工代表的选举不能按要求完成。

选举结束当场公布选举结果，并及时报上级工会，同时在选区内予以公布。

范例 5

职工代表选票

××公司第×届职工代表大会代表选票

（按姓氏笔画排序）

第××选区：

符号								
候选人姓名								

符号								
另选人姓名								

填票说明：

1. 职工代表候选人×名，应选×名，多选为废票。
2. 赞成某候选人的，在其姓名上方的空格内画“○”，反对的画“×”，弃权的不画任何符号；反对票的可另选他人，如另选他人，在另选人姓名的空格内写上另选人姓名，在其姓名上方的空格内画“○”；弃权的，不得另选他人。选票盖章有效。
3. 填写选票一律用黑色钢笔或圆珠笔，符号要准确，字迹要清楚。

范例 6

职工代表登记表

<table>
<tr><td>姓名</td><td></td><td>性别</td><td></td><td>出生年月</td><td></td><td>民族</td><td></td></tr>
<tr><td>参加工作年月</td><td></td><td>籍贯</td><td></td><td>政治面貌</td><td></td><td>文化程度</td><td></td></tr>
<tr><td colspan="2">单位职务
（工种）</td><td colspan="6"></td></tr>
<tr><td colspan="2">个人主要简历</td><td colspan="6"></td></tr>
<tr><td colspan="2">何时何选区当选代表</td><td colspan="6"></td></tr>
<tr><td colspan="2">代表资格审查小组意见</td><td colspan="6">（工会代章）
年　月　日</td></tr>
<tr><td colspan="2">备注</td><td colspan="6"></td></tr>
</table>

范例 7

职工代表选举计票结果报告表

第 ×× 选区：

本选区应参选职工 ×× 名，实到参选职工 ×× 名，发出选票 ×× 张，收回选票 ×× 张，有效票 ×× 张，无效票 ×× 张。计票结果如下（按得同意票多少排序）：

姓名										
票数										

工作人员（签名）：×××、××× ××××年××月××日

范例 8

××公司×届×次职工代表大会提案征集通知

各代表团（组）、各位代表：

广泛征集提案，是公司了解民意、汇集民智，进一步促进管理民主化、科学化的重要方式；积极提出提案，也是职工代表履行职责、参与企业民主管理的有效途径。根据公司职工代表大会时间安排，决定于××××年××月××日至××月××日征集代表提案，现将具体事宜通知如下：

一、提案的内容

职工代表大会提案，是职工代表在广泛征求意见和认真全面调查研究的基础上，围绕公司发展和管理等方面的重大问题与职工普遍关心的重要问题，按照规定的程序提出的议案。提案的内容要符合：

1. 党和国家的方针、政策、法律法规有关规定；

2. 反映公司改革发展、生产经营管理、薪酬福利、规章制度、职工教育培训等工作实际；

3. 代表大多数职工的意志需求；

4. 属于公司职权范围和职工代表大会职权范围可以处理的问题。

二、提案的写作

1. 提案应一事一案，一案一表；

2. 由一人提出、二人以上附议；

3. 提案内容力求准确、具体、实事求是，应包括以下要素：

（1）案题，即提案的题目，用简明的文字说明提案要求解决什么问题，一般为“关于……的建议”；

（2）案由分析，陈述提出问题的理由、原因或根据；

（3）建议措施，提出解决问题的主张和办法。

三、工作要求

1. 职工代表要以主人翁姿态关心企业发展，在广泛征求职工群众意见，认真调查研究的基础上提出提案，做到“实事求是、反映大事、言之有据、分析清楚、建议具体”；

2. 请各代表团（组）组织发动职工代表，针对热点问题，进行调查、研究、讨论、论证，指导职工代表向大会提交代表本团（组）水平的高质量的提案。

3. 各代表团（组）将提案汇总后，于××××年××月××日前提交至公司工会（电子版发送至××邮箱）。

附件：××公司×届×次职工代表大会提案单

××公司职工代表大会提案工作小组

××××年××月××日

附件：

××公司×届×次职工代表大会提案单

<table>
<tr><td>单位</td><td colspan="5"></td><td rowspan="2">类别</td><td rowspan="2"></td></tr>
<tr><td>提案人</td><td></td><td colspan="2">附议人</td><td colspan="2"></td></tr>
<tr><td>案题</td><td colspan="7"></td></tr>
<tr><td>案由分析</td><td colspan="7"></td></tr>
<tr><td>建议措施</td><td colspan="7"></td></tr>
<tr><td>提案小组意见</td><td colspan="7"></td></tr>
<tr><td>提案处理情况</td><td colspan="7"></td></tr>
<tr><td>提案人意见</td><td colspan="2">满意</td><td colspan="2">较满意</td><td colspan="3">不满意
（请说明缘由）</td></tr>
</table>

范例 9

××公司×届×次职工代表大会出席人数报告单

大会主持人：

今天的大会应到代表××名，实到代表××名，超过应到代表的三分之二，会议可以进行。

特此报告。

大会秘书组

××××年××月××日

范例 10

×× 公司 × 届 × 次职工代表大会筹备工作情况报告

各位代表：

为了完善 ×× 单位的管理制度体系，公司研究决定建立职工代表大会制度，于 ×××× 年 ×× 月启动职工代表大会筹建工作。（公司第 × 届职工代表大会于 ×××× 年 ×× 月任期届满，公司研究决定于 ×××× 年 ×× 月启动职工代表大会换届工作。）经过各方面的努力，目前，×× 公司第 × 届职工代表大会的筹备工作已经基本就绪，现将筹备工作情况报告如下：

一、协商制定大会换届（筹建）方案

为做好大会换届（筹建）工作，公司与工会协商成立了大会换届工作小组，于 ×××× 年 ×× 月开始研究制定大会换届（筹建）方案，大会换届（筹建）工作方案经公司党委和行政同意后，下发了《关于筹备召开 ×× 公司职工代表大会的通知》，对大会换届选举工作进行了部署，并对认真做好大会筹备期间的各项工作提出了要求。其间，公司工会及时召开各单位工会主席（负责人）会议，对换届工作进行了具体的落实和安排。

二、民主推选职工代表

各单位根据《关于筹备召开 ×× 公司职工代表大会的通知》中关于代表条件、代表结构等要求，严格按照民主程序，自下而上、充分酝酿、逐级推选职工代表候选人，经无记名投票选举产生公司第 × 届职工代表大会代表 ×× 名。

在各单位、部门党政领导高度重视和工会的认真组织下，职工代表的选举工作进展顺利，于 ×× 月 ×× 日全部完成了代表的选举工作。同时，各单位以高度负责的精神，酝酿、协商、推荐产生了大会主席团成员候选人、职工代表大会民主管理小组成员候选名单等。

三、进行代表资格审查

为了确保代表的资格有效，代表的结构、比例符合规范要求，本次换届工作将代表资格审查关口前移，即在选举前对候选人资格进行审查。代表资格审查组由工会、人力资源（组织）部、纪委（监察审计部）负责人组成。审查组对各单位代表候选人的结构是否合理、身份是否真实、有无违规违纪情况进行审核，并及时向有关单位沟通、反馈资格审查意见，起到了事前把关的作用。

××月××日，代表资格审查小组对代表资格进行了集中审查，代表名单在××月××日的《××××》上进行了公示。

四、及时培训职工代表

在新当选的××代表中，首次当选为公司职工代表大会代表的××名，占代表总数的×%。为了不断提高职工代表大会运行质量，使职工代表对职工代表大会的职权、运行规则以及职工代表的权利和义务等有进一步了解，帮助职工代表树立大局意识、代表意识、管理意识、学习意识，在企业民主管理中发挥积极作用，公司工会于××月××日分两批对代表进行了为期一天的培训。

五、认真起草大会文件

根据大会要求，大会筹备工作组协调、组织有关部门，认真起草公司总经理的《工作报告》以及大会相应的文件。公司行政方和工会方还进行了集体协商，形成了《集体合同（草案）》提交本次大会审定。

各位代表、同志们，大会的筹备工作在公司党委的直接领导下，得到了各单位、各部门、各级党政工领导和广大职工的大力支持，保证了大会各项筹备工作的顺利进行。在此，大会筹备工作小组和公司工会向大家表示衷心的感谢！

××公司第×届职工代表大会换届工作小组
××××年××月××日

范例 11

×× 公司第 × 届职工代表大会代表资格审查报告

各位代表、同志们：

公司第 × 届职工代表大会代表资格审查组于 ×××× 年 ×× 月 ×× 日对代表资格进行了审查。现将审查结果报告如下：

一、各单位、部门按照代表的条件、名额和结构要求，在充分酝酿、广泛听取职工意见的基础上，提出代表候选人，并经所在单位的职工大会采用无记名投票的方式，选举产生了公司第 × 届职工代表大会代表。

二、公司第 × 届职工代表大会代表共计 ×× 名，占公司全体职工总数的 ×%。其中：操作服务人员 × 名，占代表总数的 ×%，技术业务人员 × 名，占代表总数的 ×%，基层管理人员 × 名，占代表总数的 ×%，领导人员 × 名，占代表总数的 ×%。

代表中，女职工代表 × 名，占代表总数的 ×%；35 岁以下的青年职工代表 × 名，占代表总数的 ×%；民主党派、无党派人士 × 名，占代表总数的 ×%；劳模先进 × 名，占代表总数 ×%。

代表中，× 人具有大专以上学历，占 ×%，具有研究生学历或博士、硕士学位的 × 名，占 ×%；具有中级以上专业技术职称的 × 名，占 ×%；具有中级以上技能等级的 × 名，占 ×%，其中高级技师 × 名，技师 × 名。

综上所述，×× 名代表产生的过程符合规定的民主程序；代表结构合理，分布广泛，整体素质较高，具有一定的参政议政能力；所有的代表均具备当选的资格和条件。因此，×× 名职工代表资格有效。

报告完毕。

××公司第 × 届职工代表大会代表资格审查组

×××× 年 ×× 月 ×× 日

范例 12

××公司×届×次职工代表大会表决办法（草案）

一、根据《上海市职工代表大会条例》《上海市企事业单位职工代表大会工作规范》及有关规定制定本表决办法。

二、××公司×届×次职工代表大会正式代表有表决权。

三、大会表决分举手表决和无记名投票表决两种方式。对涉及职工切身利益、需职工代表大会审议通过的议案如《集体合同》草案等，采取无记名投票表决方式进行表决；对职工代表大会主席团建议名单、职工代表大会决议等文件审议时采取举手表决方式进行表决。

四、大会表决前，职工代表可以对所需表决的议案发表意见，要求发言的代表应在原座位举手示意，征得大会执行主席同意后方能发言。

五、大会表决时，每项议案需分开表决。无记名投票表决的表决票上应盖有××公司工会委员会的印章方为有效。职工代表在每一项议案的表决中对“赞成”“反对”“弃权”的三项表决意见，只能行使一次权利。

六、大会无记名投票表决设监票人（一般同大会选举监票人），对发票、投票、点票、计票工作全过程进行监督。由第（×-1）届职工代表大会联席会议提名，提交大会通过。

七、大会每次表决，由大会工作人员按“赞成”“反对”“弃权”三类分别统计，并当场宣布结果。

八、参加大会表决的职工代表必须超过全体职工代表的三分之二，表决方为有效。大会表决以获得全体职工代表过半数以上“赞成”方为通过。

九、如未获得全体职工代表过半数通过，按照《上海市职工代表大会条例》的规定，应吸纳职工代表的合理意见，对表决议题进行修改，再次提交职工代表大会审议。

十、本表决办法经××公司×届×次职工大会预备会表决通过后实施。

××公司×届×次职工代表大会筹备组
××××年××月××日

范例 13

×× 公司 × 届 × 次职工代表大会选举办法（草案）

一、根据《上海市职工代表大会条例》及《×× 公司职工代表大会实施办法》等有关规定，制定本选举办法。

二、×× 公司第 × 届职工代表大会第 × 次会议选举产生：

1. ×× 公司第 × 届职工代表大会主席团成员 × 人。

2. ×× 公司第 × 届职工代表大会民主管理专门小组成员 × 人。

3. 出席上级公司职工代表大会的代表 × 人。

4. 公司职工董事、职工监事各 1 人。

三、×× 公司第 × 届职工代表大会主席团成员、民主管理专门小组成员、出席上级公司职工代表大会的代表、职工董监事均实行等额选举。其中职工代表大会主席团成员、民主管理专门小组成员的选举在职工代表大会预备会上进行，以举手表决的方式通过；出席上级公司职工代表大会的代表、职工董监事的选举以无记名投票方式进行。

四、×× 公司第 × 届职工代表大会主席团成员建议名单、民主管理专门小组成员建议名单、出席上级公司职工代表大会代表的候选人名单、职工董监事建议名单均采取自下而上、自上而下，反复协商推荐。由第（×–1）届职工代表大会联席会议确定建议名单，提交大会选举。

五、无记名投票选举时，参加选举的正式代表数必须超过应到代表数的三分之二以上。

六、大会选举设监票 5 人（其中：总监票 1 人，写票、唱票各 1 人，监票 2 人），对发票、投票、点票、计票工作全过程进行监督。总监票和监票人名单，由第（×–1）届职工代表大会联席会议提名，提交大会通过。候选人不得担任监票人。

七、大会选举采用无记名投票方式。

八、候选人按姓氏笔画顺序排列，选票上应盖有 ×× 公司工会委员会的印章方为有效。

九、因故缺席的代表不能委托投票，大会不设流动票箱。

十、代表对选票上的候选人，可以投赞成票、不赞成票或弃权票，也可以另选他人。如赞成，在候选人姓名上方的方格内画一个“○”；如不赞成或弃权，不作任何符号；如另选他人，在另选人姓名右侧的空格内写上他人的姓名，并在其姓名上方的方格内画一个“○”。

书写选票用钢笔或圆珠笔，符号要准确，字迹要清楚。

十一、投票结束后，当众开启票箱，收回的选票张数等于或少于发出的选票数，选举有效；多于发出的选票数选举无效，应重新进行投票选举。

十二、每张选票所选的人数，等于或少于应选人数的方为有效票，多于应选人数的为无效票。不符合本办法第十条规定的选票，由总监票人视具体情况，决定有效或作废。

十三、候选人得票数超过全体正式代表的半数方得当选，得票数为半数或不到半数不得当选。

十四、计票结束后，由总监票人按候选人得票数多少排序向大会宣布计票结果，由大会主持人按姓氏笔画排序向大会宣布选举结果。

十五、本办法经 ×× 单位 × 届 × 次职工代表大会预备会议表决通过后实施。

××公司第×届职工代表大会筹备组

××××年××月××日

范例 14

大会表决（选举）主持词

尊敬的各位代表：

首先，我代表全体监票人员对代表们的信任表示衷心地感谢，希望能在全体代表的共同努力和支持下，顺利圆满地完成这次大会的表决（选举）任务。

★现在请监票人员和工作人员各就各位。

★请工作人员清点实到人数。请各位代表在表决选举工作阶段不要随意走动，谢谢。

★（由工作人员送上报告后）现在报告今天大会的实到人数：应到正式代表 ×× 人，实到 ×× 人，超过应到正式代表的三分之二，可以进行表决和选举。

★现在请监票人员检查票箱……检查票箱结束。

★请工作人员分发表决票（选票）。

★各位代表拿到表决票（选票）以后，请不要马上填写，请先看清楚表决票（选票）下方的说明：

请代表们检查一下，表决票（选票）是否多发或漏发？是否盖有印章？多发、漏发或没有盖 ×× 工会印章的请举手，由我们工作人员与您联系。（看全场）没有。

表决票上列有“赞成”“反对”两项，代表只能选择其中一项，并在相应的空格内画“○”，如代表对表决事项表示弃权，则不作任何记号。

××× 实行差额选举，即候选人、选举人、差额人。每张选票所选的人数，等于或少于应选人数的为有效票，超过应选人数的为无效票。

对选票上的候选人赞成的，在候选人姓名上方的小方格内画一个“○”；不赞成的或弃权的，在候选人姓名上方的小方格内不作任何记号；如另选他人，可在相应的空格内填上要选人的姓名，并在其上方的小方格内画一个“○”。

★（由工作人员送上发票数）现在报告实际发票数：本次大会实到代表 ×× 人，发出集体合同表决票（选票）×× 张。多余票剪角作废（工作人员剪多余表决票）。

★请各位代表填写表决票（选票）。

★各位代表是否都已填好表决票（选票）？如果还没有填好请举手。（观察四周，主席台和台下等）没有。

★大家都已经填好票了。现在我们开始投票，请监票人员先投票。

★请各位代表按照工作人员指定的线路依次投票。

★我们各位代表还有没有没投票的？如果有，请举手……

★请监票人员开启票箱，工作人员清点票数。

★（由工作人员送上点票结果）现在向大会报告：收回表决票（选票）×× 张，收回票数与发出票数相等（少于收回票），本次表决（选举）有效。

★现在开始计票。请监票人员和工作人员到计票室计票……

各位代表，在工作人员计票期间，（大会休会 × 分钟，请代表们不要走远，× 点 × 分复会）/（在工作人员计票期间，大会继续进行第 × 项议程，表彰 ×× 先进）/（在工作人员计票期间，请代表们观看 ×× 宣传片）。

★现在请总监票人宣布计票结果……

范例 15

×× 公司 × 届 × 次职工代表大会
表决票

2020 年集体合同（草案）	赞成	
	反对	

注：

1. 代表有权投赞成票、反对票或弃权票。
2. 代表在表决时只能选择其中一项，并在相应的空格内画一个“○”。
3. 代表对表决事项表示弃权，不作任何记号。

×× 公司工会委员会

×××× 年 ×× 月 ×× 日

范例 16

×× 公司职工代表大会制度实施办法

为规范本公司的职工代表大会工作，根据《企业民主管理规定》《上海市职工代表大会条例》《上海市企事业单位职工代表大会工作规范》等有关法律法规和相关规定，结合公司实际，制定本实施细则。

第一章　总　则

第一条　为加强企业民主政治建设，依法办企、依法治企和保障职工参与民主决策、民主管理和民主监督，根据《中华人民共和国公司法》《中华人民共和国劳动法》《中华人民共和国工会法》及《上海市职工代表大会条例》等有关规定，结合本企业实际，特制定本实施办法。

第二条　××公司职工代表大会（以下简称“职代会”）是本企业实行民主管理和协调劳动关系的基本形式，是职工行使民主管理权利的机构，实行充分发扬民主、少数服从多数的原则。

第三条　××公司工会是××公司职代会的工作机构，负责职代会的日常工作，并依照法律规定通过职代会或其他形式，组织职工参与本企业民主决策、民主监督和民主管理。

第四条　本企业各级组织应当支持职代会依法开展工作，落实职代会审议通过的事项、决议和代表提案，接受职代会的监督。本企业尊重职工的民主权利，支持职工依法享有知情权、参与权、表达权和监督权。

企业内的所有职工都应当通过依法参与企业民主管理活动维护自身合法权益。职工应遵守企业内依法制定的各项规章制度，支持董事会、监事会和法定代表人依法行使职权。

第二章　职　权

第五条　××公司职代会依法行使审议建议、审议通过、审查监督、民主选举、民主评议等职权。

第六条　下列事项应当向职代会报告，接受职代会审议，听取职代会职工代表（以下简称“职工代表”）的建议：

（一）公司的经营方针、发展规划、年度经营管理情况和重要决策方案；

（二）公司制定、修改、决定直接涉及职工切身利益的规章制度或者重大事项；

（三）工会与企业就职工工资调整、经济性裁员、群体性劳动纠纷和生产过程中发现的重大事故隐患或者职业危害等事项进行集体协商的情况；

（四）职代会工作机构的工作情况、联席会议协商处理的事项；

（五）公司改革改制等方案、申请破产或者解散等重要事项；

（六）法律法规规定或者企业与工会协商确定应当向职代会报告的其他事项。

第七条　下列事项应当向职代会报告，并由职代会审议通过：

（一）涉及劳动报酬、工作时间、休息休假、保险福利等事项的集体合同草案；

（二）工资调整机制、女职工权益保护、劳动安全卫生等专项集体合同草案；

（三）企业的薪酬制度，福利制度，劳动用工管理制度，职工教育培训制度，改革改制中涉及的职工安置方案，以及其他涉及职工切身利益的重要事项；

（四）法律法规规定或者企业与工会协商确定应当提交职代会审议通过的其他事项。

第八条　下列事项应当向职代会报告，并接受审查监督：

（一）职代会提案执行情况；

（二）职代会审议通过的重要事项落实情况；

（三）集体合同和专项集体合同履行情况；

（四）劳动安全卫生标准执行、社会保险费交缴、职工教育培训经费提取使用等情况；

（五）法律法规规定或者企业与工会协商确定应当向职代会报告并接受审查监督的其他事项。

第九条　下列人员应当由职代会民主选举产生：

（一）职代会主席团成员；

（二）民主管理专门小组成员；

（三）董事会和监事会中的职工代表；

（四）法律法规规定或者企业与工会协商确定应当由职代会民主选举产

生的其他人员。

第十条 下列人员应当接受职代会的民主评议：

（一）董事会和监事会中的职工代表；

（二）企业的高级管理人员以及按照本市有关规定应当接受职代会民主评议的其他人员；

（三）法律法规规定或企业与工会协商确定应当接受职代会民主评议的其他人员。

第三章 职工代表

第十一条 凡依法享有政治权利，并与本企业建立了劳动关系的职工，均可当选为职工代表。

职工代表由职工民主选举产生，实行常任制，任期与职代会届期一致，可以连选连任。

职工代表的选举以经济独立核算单位及公司后勤部门为选区进行，选举应当有选区全体职工三分之二以上参加，候选人获得选区全体职工半数以上赞成票方可当选。选举结果应当公布。

第十二条 根据《上海市职工代表大会条例》的相关规定，本企业职代会职工代表人数一般不少于 50 人，并根据需要设置列席代表 5 名，列席代表无表决权和选举权。

第十三条 职工代表由一线职工（含农民工）、技术人员、管理人员和其他方面的职工组成，其中一线职工代表比例不低于 50%，公司中、高层管理人员代表不得高于代表总数的 20%。职工代表中的青年职工和女职工代表比例应当与本单位青年职工和女职工人数所占比例相适应。

第十四条 职工代表享有以下权利：

（一）在职代会上，有选举权、被选举权、审议权和表决权；

（二）对涉及企业发展和职工权益的重要事项有知情权、建议权、参与权和监督权；

（三）参加与职工代表履职相关的培训、检查等活动；

（四）因履职活动而占用生产、工作时间，按照正常出勤享受应得的待遇；

（五）其他法律法规赋予的权利。

第十五条 职工代表应履行的义务：

（一）学习、宣传有关法律法规和政策，提高自身素质，增强参与民主管理的能力，做好本职工作；

（二）联系选区职工，听取职工的意见和建议，表达职工的意愿和要求；

（三）注重提案的调查研究和可行性分析，一案一提，可提多案；

（四）执行职代会决议，做好职代会交办的各项工作；

（五）及时向选区职工通报参加职代会活动和履行职责的情况，接受评议监督；

（六）模范遵守单位规章制度，保守商业秘密。

第十六条　职工有权监督和罢免本单位的职工代表，职工代表有下列情形时，分别予以撤换、补选或保留：

（一）职工代表不履行或不正确履行职责的，由原选区职工代表小组召开该选区全体职工大会予以撤换，并上报公司工会备案。

（二）职工代表离开公司，退休、离休、离职，劳动关系、人事关系解除、辞职，或因犯罪被追究刑事责任的，其代表资格自行终止，代表缺额由原选区予以补选。补选时应当由原选区依照规定的民主程序及时补选，选举结果应当公布。

（三）职工代表在本企业内调动、转岗的，保留其职工代表资格，并继续履行职工代表职责。

第十七条　职工代表依法行使权利，任何组织和个人不得压制、阻挠和打击报复。

第四章　组织制度

第十八条　××公司职代会每届任期为三年，每年召开一次会议。闭会期间，经企业法人代表、工会或三分之一以上职工代表提议，可以临时召开会议或职代会联席会议。

第十九条　职代会由职工代表选举产生的主席团主持会议，主席团人数不少于 5 人，其中一线职工代表的比例不少于 50%。

第二十条　职代会设立一个综合性民主管理专门小组，组织职工代表开展民主管理专项活动，办理职代会交办的有关事项。专门小组负责人由职工代表担任。

第二十一条　职代会闭会期间，除法律法规规定应当提交职代会审议通过的事项外，对需要及时处理的重要事项，企业可以召开职代会联席会议进行协商处理，处理结果应当向下一次职代会报告。

联席会议由工会负责召集，由职工代表团（组）长、各民主管理专门小组负责人、主席团成员、工会委员会委员参加。

第二十二条　职代会的经费由企业在管理费用中列支。

第五章　议事规则

第二十三条　职代会须有全体职工代表三分之二以上出席方可召开。

第二十四条　工会应当将与企业商定的本次职代会的议题、议案、议程于职代会召开七日前送达各代表小组。各小组应当组织职工代表讨论，并由工会及时汇总整理职工代表小组的意见和建议。

职工代表对涉及职工切身利益的重要事项意见分歧较大的，由工会根据职工代表意见进行协商修改后，提交职代会再次审议。

第二十五条　××公司职代会召开的程序一般为：

（一）听取和审议企业主要负责人工作报告；

（二）听取和审议涉及职工切身利益事项方案或草案的情况说明；

（三）听取企业的高级管理人员、董事会和监事会中的职工代表等相关人员的述职报告，开展民主评议；

（四）审议讨论有关报告、方案或草案，职工代表充分表达意愿和诉求，提出意见和建议；

（五）审议通过有关方案或草案，对涉及职工切身利益的重大事项进行无记名投票表决；

（六）审议表决职代会决议。

第二十六条　职代会选举、审议通过或审议决定重要事项时，应当采用无记名投票方式进行表决，获得应到会职工代表半数以上赞成票方可通过。

职代会审议通过的事项和决议应当在闭幕后及时向全体职工公布。

第二十七条　法律、法规规定应当提请职代会审议、决定的事项，未按照法定程序提交、审议、通过的，企事业单位就该事项做出的决定对本单位职工不具有约束力。公司工会有权对此要求纠正，企业应当根据工会的要求予以纠正。

第二十八条　职代会通过的决议、决定和办法对全公司职工具有约束力，未经职代会同意不得变更。确需修改的，应当由企业法定代表人、工会，或三分之一以上的职工代表提请职代会按照程序重新审议、表决。

第六章　工作机构

第二十九条　公司工会在职代会筹备和召开期间履行以下职责：

（一）组织开展职工代表的选举、撤换、培训等工作；

（二）根据职代会权限提出大会议程的建议；

（三）做好职代会文件的准备工作和提案征集工作；

（四）提出职代会主席团成员、民主管理专门小组成员候选人建议名单，及董事会、监事会中的职工代表候选人建议名单；

（五）代表职工与企事业单位开展集体协商，形成集体合同草案、专项集体合同草案和起草说明、集体协商情况的报告等；

（六）组织职工代表团在会前和会中对提交职代会审议与审议表决的事项进行讨论，汇总整理意见，并与企业方协商修改；

（七）负责职代会其他筹备和组织工作。

第三十条　公司工会应当在职代会闭幕之日起七个工作日内，将会议有关情况报告上级工会，并接受上级工会的指导。

公司工会要动员职工执行职代会决议，督促决议的落实和提案的办理。要组织综合民主管理专门小组开展巡视检查、职代会质量评估等日常民主管理活动。做好职代会文件资料的档案工作。

第七章　附　则

第三十一条　本实施办法经 ×× 公司第 × 届第 × 次职代会审议通过后施行。

第三部分

区域性、行业性集体协商与职工代表大会工作

第1章 | 上海市区域性、行业性集体协商、职工代表大会工作规范

为贯彻落实《上海市集体合同条例》《上海市职工代表大会条例》，创新社会治理体系，构建和谐劳动关系，促进企业和职工共同发展，结合本市实际，特制定本工作规范。

一、总 则

（一）性质

1. 区域性集体协商、职工代表大会是指在小微企业较为集中的街道（乡镇）、各类园区、商业街区（楼宇）、社区小区等区域内，依托相应工会组织所建立的联合性的民主协商制度。

2. 行业性集体协商、职工代表大会是指本市一定行政区域范围内生产经营业务相同或相近的企业依托相应的工会组织所建立的行业性民主协商制度。

（二）任务

1. 畅通劳资沟通渠道，健全劳资协商机制，促进区域、行业及所属企业和职工共同发展。

2. 督促企业规范用工，监督企业落实法律、法规、政策中涉及职工切身利益的相关规定。

3. 保障职工民主权利，维护职工合法利益。

4. 融入社会治理体系，构建区域、行业和谐劳动关系。

（三）工作规则

1. 区域性、行业性集体协商和集体合同工作规则

（1）区域性、行业性集体协商应当每年至少举行一次，遇有特殊情况，可临时增加协商次数。

（2）协商一致，可以形成区域性、行业性集体合同草案。草案应当经本区域、行业职工代表大会全体职工代表过半数审议通过。

（3）集体合同期限一般为1年至3年，工资专项集体合同期限一般为1年。

（4）区域性、行业性集体合同约定的劳动条件、劳动报酬等标准不得低于国家和市人民政府规定的最低标准。区域、行业所属企业与职工个人签订劳动合同约定的劳动条件和劳动报酬等标准，或者企业规章制度规定的劳动条件和劳动报酬等标准，也不得低于区域性、行业性集体合同的相关规定。

（5）区域、行业内企业可以在区域、行业集体合同的基础上，开展企业内部“二次协商”，签订更为符合企业自身实际的集体合同。

2. 区域性、行业性职工代表大会工作规则

（1）确定建制的区域、行业

由各地区总工会与政府相关部门和企业代表组织、企业代表协商确定，本地区所辖范围内应当建立职工代表大会的行业。

由街镇总工会与乡镇政府或街道办事处指定的相关职能部门和企业代表组织、企业代表协商确定，本地区所辖范围内应当建立职工代表大会的区域、行业。

（2）职工代表大会届期一般为3年至5年，因故需要延期换届的，区域或行业工会组织应征得同级党组织同意后向上一级工会报告。

（3）职工代表大会每年至少召开一次。

（4）职工代表大会须有应到代表三分之二以上出席方可召开。

（5）职工代表大会对涉及职工切身利益的重大事项，应采用无记名投票表决的形式，表决须获得应到代表过半数赞成票方为通过。

（6）职工代表大会通过的事项和决议，具有法定约束力，如需修改，应当提请职工代表大会按程序重新审议表决。

3. 区域性、行业性集体协商和职工代表大会工作受同级或上一级党组织领导。

4. 区域、行业工会组织是区域性、行业性职工代表大会的工作机构，承担职工代表大会的日常工作。

二、代　表

（四）集体协商的代表

1. 职工方代表

（1）职工方协商代表由区域行业工会组织选派，并经过区域性、行业性职工代表大会或其他民主形式的确认；首席协商代表由区域、行业工会主要负责人担任。

（2）职工方协商代表结构合理，有基层一线协商代表，女职工比例较高的区域、行业，应有女性协商代表。

2. 企业组织方代表

企业组织方代表由相应一级的企业联合会 / 企业家协会、工商联、私营企业协会、外资企业商会、商会等企业代表组织推荐，征求区域、行业内企业业主意见后产生；也可由区域、行业内企业业主经民主推选或授权委托等方式产生。首席协商代表由区域、行业企业代表组织负责人担任；也可由企业方协商代表共同推荐一人担任。

（五）职工代表大会的代表

1. 代表的资格与构成

（1）享有政治权利的，与本区域、行业内企业建立劳动用工关系的经营管理者和职工，以及工会组织负责人、政府相关职能部门负责人，经选举产生均可当选为区域性、行业性职工代表大会代表。

（2）职工代表大会代表中一线职工代表人数不低于 50%，企业经营管理者不得超过 30%，区域或行业工会负责人、企业代表组织负责人或企业代表、政府相关职能部门负责人一般在 5% 左右；女职工代表应占适当比例；农民工、劳务派遣工较多的区域或行业应有相应代表。

（3）职工代表大会的正式代表人数不得少于 30 名。区域、行业内企业较多的，一般不超过 200 人。

（4）职工代表大会可以设一定比例的列席代表和特邀代表，列席代表和特邀代表无选举权和表决权。

2. 代表的产生

（1）职工代表大会代表应由民主选举产生。选举时，应有选区全体职工三分之二以上参加，获得应到职工人数过半数赞成票方可当选。

（2）职工代表大会代表实行常任制。代表可连选连任。职工代表大会不设当然代表。

3. 代表的权利

（1）有选举权、被选举权、审议权、表决权和监督权；

（2）参加职工代表大会及其工作机构组织的各项活动；

（3）因参加职工代表大会组织的各项活动而占用生产或工作时间，应按照正常出勤享受应得待遇。

职工代表大会代表依法行使民主权利，任何组织和个人不得阻挠、压制和打击报复。

4. 代表的义务

（1）学习、宣传有关法律法规和政策，提高自身素质，增强参与民主管理的能力；

（2）密切联系职工，如实反映职工诉求，认真执行职工代表大会的决议，做好职工代表大会交给的各项工作，接受职工群众的评议监督；

（3）遵守国家法律、法规和本区域或行业的相关规定，以及本单位规章制度，做好本职工作。

5. 代表的资格终止、撤免和增补

（1）职工代表大会代表因与用人单位解除或终止劳动关系、职务变动等不能履行代表职责的，以及本人提出辞去职工代表的，代表资格终止。

（2）职工代表大会代表因发生下列情形之一的，应由原选区提出撤免建议，报请区域或行业工会组织审核，按民主程序作出撤免决议：

①违法违纪受到处罚或处分；

②无故不履行代表职责，失去选区职工信任。

（3）职工代表大会代表因代表资格终止、撤免发生缺额时，应由原选区按规定补选职工代表大会代表，并在下次职工代表大会上予以确认。

三、工作程序

（六）开展集体协商的步骤

1. 发出要约

（1）集体协商双方的任何一方可以向对方以书面形式提出进行集体协商的建议。区域、行业工会应当代表职工一方向企业代表组织或企业代表提出集体协商建议书；企业代表组织或企业代表建议开展集体协商的，应当向本区域、行业工会提出。

（2）集体协商建议书的内容一般包括拟协商的议题、协商所要达到的目的、协商的时间、地点和参加协商的代表人数等信息。

（3）收到集体协商建议书的一方应在收到之日起 15 日内给予书面答复，拒绝集体协商的，应当有正当的理由。

2. 协商准备

集体协商双方在正式协商前应当进行下列准备工作：

（1）自双方同意集体协商之日起 15 日内产生协商代表，并书面告知对方。

（2）双方各自确定协商代表的分工，并加强有针对性的教育培训。

（3）协商双方共同推荐产生一名记录员，负责会议记录。记录员不可兼任任何一方的协商代表。

（4）双方在广泛征求意见基础上，共同制定协商方案，确定协商议题和重点。

（5）双方协商代表收集与协商议题有关的情况和资料。职工方协商代表所在的企业，应确保协商代表在履职期限内有不少于 3 个工作日从事相关工作。

（6）企业代表组织或企业代表要根据职工方提出的要求，向职工方协商代表提供集体协商所需的数据及资料。如涉及商业秘密，双方可签订专门保密协议。

（7）在开展正式协商前，区域、行业工会要向上级工会进行预报，接受工作指导。

（8）其他需要准备的工作。

3. 正式协商

（1）集体协商会议由协商双方首席代表轮流主持，由主持人宣布协商议程、协商规则和协商纪律。

（2）提出协商议题的一方应当就议题的具体内容、理由依据，以及解决方案作出详细说明；另一方可就对方提出的要求作出回应，可以对协商议题的内容提出本方的修改建议，并向对方说明理由和依据。

（3）双方就协商议题各自发表意见，展开充分讨论。

（4）双方首席代表归纳协商意见，并就协商一致的内容提出共同确认的表述方法。达成一致的，可以形成集体合同草案、专项集体合同草案或集体协商纪要等文件，由双方首席代表签字；未达成一致意见的，可以暂时中止协商，具体中止期限及下次协商时间、地点和内容由双方协商确定。协商中止期限最长不超过 30 天。

（5）每次集体协商会议要做好会议记录，协商双方首席代表和记录员应当在会议记录上签字。

（6）在进行集体协商期间，企业及其职工应当维护本企业正常的生产、工作秩序，不得采取任何影响生产、工作秩序或者社会稳定的行为。

4. 区域性集体协商的内容

（1）本区域的最低工资标准；

（2）本区域工资调整的最低幅度；

（3）其他需要进行区域性集体协商的事项。

5. 行业性集体协商的内容

（1）本行业的最低工资标准；

（2）本行业工资调整的最低幅度；

（3）本行业同类工种的定额标准；

（4）本行业各工种、岗位的劳动安全和卫生标准；

（5）本行业各工种、岗位的职工培训制度；

（6）其他需要进行行业性集体协商的事项。

6. 区域性、行业性工资集体协商参考因素

（1）区域或行业人工成本水平；

（2）全市及区域或行业职工平均工资水平；

（3）企业工资增长指导线和劳动力市场工资指导价位；

（4）最低工资标准；

（5）城镇居民消费价格指数；

（6）其他与工资集体协商有关的因素。

（七）召开职工代表大会的程序

1. 职工代表大会筹备阶段

（1）由区域、行业工会会同政府相关职能部门、企业代表组织或企业代表协商确定代表名额、合理划分选区，并由区域、行业工会组织职工代表的选举、撤换、补选等工作。由区级层面建立的行业职工代表大会，其职工代表的名额确定、选区划分等工作，由行业工会与区级层面相关职能部门，以及行业企业代表组织协商确定。

（2）区域、行业工会通过开展代表提案征集或在征求代表和职工意见的基础上形成议题草案，并会同政府相关职能部门、企业代表组织或企业代表协商确定正式议题。

（3）区域、行业工会会同政府相关职能部门、企业代表组织或企业代表确定会议召集人，并根据会议议题确定各项工作责任人，起草提交大会审议和审议表决的相关材料。

（4）做好大会的其他相关工作。

2. 职工代表大会会议阶段

（1）召开职工代表大会预备会议

①通报职工代表大会代表资格审查小组成员名单；

②听取职工代表大会筹备工作情况报告；

③审议通过职工代表大会代表资格审查情况报告；

④审议通过职工代表大会表决办法；

⑤审议通过职工代表大会议程；

⑥审议通过职工代表大会主席团名单；

⑦审议通过职工代表大会监票人和总监票人名单；

⑧决定职工代表大会其他有关事项。

（2）召开职工代表大会正式会议

职工代表大会正式会议由主席团推选的主持人主持，大会的议程一般为：

①报告职工代表大会代表出席情况，确定会议召开的有效性。

②听取区域、行业内企业执行劳动法律法规和政策情况报告，区域、行业劳动关系状况等事项的报告，并作情况说明。

③审议区域、行业内企业有关劳动报酬、工作时间、休息休假、劳动安全卫生、保险福利、职工培训，以及劳动定额等直接涉及职工切身利益的重大事项，并作情况说明，听取职工代表意见和建议。

④听取上一轮集体合同履约和上一次职工代表大会决议落实、提案处理等事项的情况报告，确认职工代表大会闭会期间由职工代表大会联席会议处理的有关问题的决定。

⑤报告本次集体协商情况和集体合同草案内容的说明，听取职工代表的意见和建议；审议表决集体合同草案、专项集体合同草案。

⑥选举产生民主管理专门小组（委员会）成员以及区域、行业协商确定需要经职工代表大会选举的人员。

⑦审议表决职工代表大会决议，进行大会总结。

（3）会后工作

①经区域性、行业性职工代表大会通过的集体合同，由集体协商双方首席代表签字，并经区域、行业内企业法定代表人签字（或盖章）确认后，由企业代表组织、企业代表或者工会负责将集体合同以及相关材料报送相应人力资源社会保障部门；

②区域、行业工会应当将生效的集体合同和职工代表大会决议和审议通过的其他事项向全体职工公布；

③区域、行业工会应当在职工代表大会闭会后，及时汇总整理相关材料，形成大会文书档案。

四、职工代表大会组织机构

（八）职工代表大会主席团

1. 主席团的组成

（1）主席团成员人数一般为 5 至 9 人。其成员应由职工代表、工会组织代表、企业经营管理者代表和政府相关职能部门负责人等组成，其中工会代表和职工代表应超过半数；

（2）主席团成员必须是本届职工代表大会的正式代表，并由区域、行业工会会同相关部门和企业代表组织、企业代表协商确定提名人选。

2. 主席团的职责

（1）主持召开大会，领导大会期间的各项活动；

（2）听取和汇总职工代表大会各代表团（组）对各项议题审议的意见；

（3）研究大会议题中需要审议和决定的事项，草拟大会决议；

（4）处理大会期间的有关重要事项。

（九）职工代表大会代表资格审查小组

1. 职工代表大会代表资格审查小组的组成

职工代表大会代表资格审查小组由区域行业工会负责人、政府相关职能部门负责人、企业代表组织负责人或企业代表、所属单位一线职工代表和经营管理者代表组成，一般为 5 至 7 人。

2. 职工代表大会代表资格审查小组的职责

（1）审查代表是否具备代表资格；

（2）审查代表的产生是否符合规定的民主程序；

（3）审查代表结构比例是否符合规定；

（4）形成专项书面报告，向职工代表大会报告审查结果。

（十）职工代表大会民主管理专门小组（委员会）

1. 职工代表大会民主管理专门小组（委员会）是为职工代表大会依法行使职权服务的专门工作机构，并受职工代表大会领导，开展集体合同履约、职工代表大会决议贯彻等情况的督促检查，组织开展职工代表大会提案活动，调处区域、行业所属企业劳动争议等工作。

2. 职工代表大会民主管理专门小组（委员会）由区域、行业工会提名，其成员一般由区域行业工会负责人、政府相关职能部门负责人、企业代表组织负责人或企业代表、所属企业工会负责人和职工代表大会代表组成，并可聘请劳动关系领域专业人员参加。

五、职工代表大会工作制度

（十一）提案工作

区域、行业工会应当在职工代表大会召开或闭会期间，组织职工代表围绕区域、行业和谐劳动关系创建、所属企业生产经营管理和规范劳动用工、涉及职工切身利益等事项开展提案活动，提出意见、建议，并由民主管理专门小组（委员会）负责提案的审查、立案、督查和反馈公布。

（十二）巡视检查

区域、行业工会应当会同政府相关职能部门、企业代表组织或企业代表，组织职工代表对所属企业履行集体合同、执行职工代表大会决议、规范劳动用工、开展和谐劳动关系创建等情况进行检查，督促企业及时整改问题，并形成工作报告，向下一次职工代表大会通报。

（十三）日常沟通制度

职工代表大会闭会期间，区域、行业工会应当会同政府相关职能部门、企业代表组织或企业代表通过恳谈会、民主共商会、民主议事会等形式听取职工意见和建议，畅通职工诉求渠道，及时化解所属企业和职工应急应需的各类矛盾，促进区域、行业劳动关系和谐稳定。

六、附　则

（十四）本规范与国家和上海市制定、修订的有关法律、法规相抵触的，以法律、法规为准。

（十五）本规范由上海市总工会负责解释。

（十六）原《上海市区域性、行业性职工（代表）大会工作规范（试行）》同时废止。

上海市总工会

2019 年 6 月 17 日

第 2 章 | 区域性、行业性集体协商与职工代表大会工作知识问答

1. 什么是区域性、行业性集体协商?

区域性、行业性集体协商是指区域内的工会组织或行业工会组织与企业代表或企业代表组织，依照国家法律、法规，就劳动报酬、工作时间、休息休假、劳动安全卫生、保险福利等事项，开展平等协商的活动。

2. 什么是区域性、行业性职代会?

区域性职代会是指在小微企业较为集中的街道（乡镇）、各类园区、商业街区（楼宇）、社区小区等区域内，依托相应工会组织建立的联合职代会。

行业性职代会是在本市一定行政区域范围内生产经营业务相同或相近的企业，依托相应的工会组织建立的联合职代会。

3. 为什么要建立区域性、行业性集体协商、职代会制度?

区域性、行业性集体协商和职代会是符合我国企业实际的、协调劳动关系的一种制度安排。目前，我国非公经济发展迅猛，小微企业、生产经营业务相同或相近的企业数量众多，企业规模小、从业人员多、职工流动性大，在小微企业内部建立集体协商和职代会制度并促使其发挥作用存在较大难

度，或者部分企业已经建立了两项制度，但在制度规范、作用发挥等方面还存在一定问题，需要在企业外部的一定区域或行业内建立完善两项制度，通过工会组织或联合工会以及其他相关组织共同发力，促使小微企业或行业通过上下联动的协商民主方式，化解企业与职工的利益矛盾，确定工时、劳动定额等标准，以及解决其他劳动关系问题，促进区域行业劳动关系的稳定和谐。

4. 哪些区域、行业可以建立集体协商、职代会制度？

根据《上海市集体合同条例》和《上海市职工代表大会条例》相关规定，区域性集体协商、职代会制度范围主要包括街道（乡镇）、各类园区、商业街区（楼宇）、社区小区等区域。行业性集体协商、职代会制度范围主要包括区域内的建筑、餐饮、物业等传统服务行业，以及其他有条件建立集体协商、职代会制度的行业。

5. 如何处理区域性、行业性集体协商与企业内部集体协商的关系，以及区域性、行业性职代会与企业职代会的关系？

（1）集体协商。区域性、行业性集体协商与企业集体协商各有侧重、互为补充，其中区域协商主要是谈底线，行业协商主要是谈标准，企业主要是谈增长。在已签订了区域性、行业性集体合同的地区和行业，所覆盖企业可根据实际情况，进行二次集体协商，签订本企业的集体合同。此情况下，区域性、行业性集体合同的效力优于企业集体合同。即企业签订的集体合同标准，不得低于区域性、行业性集体合同的标准；如有低于的，则应当按照区域性、行业性集体合同标准执行。

（2）职代会。区域性、行业性职代会制度与企业职代会制度在作用方面有所区别。区域性、行业性职代会制度是通过区域、行业与企业和职工的双向互动，解决所属企业劳动关系的共性问题，对促进企业建立健全职代会制度具有引领、指导作用。企业职代会应当按照区域行业职代会的工作要求和决议，细化本企业的实施办法和相关方案，推动企业落实区域行业职代会决议。

6. 如何将区域性、行业性集体协商和职代会纳入社区治理的工作范围？

当前，大量小微企业入驻上海市街镇（社区），对促进社区的经济社会发展具有积极作用，但这些企业的劳动关系等问题也同样给社区治理带来挑战。通过区域性、行业性集体协商和职代会制度的建立健全并发挥作用，对推动社区的和谐稳定和持续健康发展具有很强的现实意义，是符合党的十九大报告提出的“加强社区治理体系建设，推动社会治理重心向基层下移，发挥社会组织作用，实现政府治理和社会调节、居民自治良性互动”要求的。因此，在推动中需要强化以下几方面工作：

（1）积极争取党委和政府的重视支持，推动将区域、行业集体协商和职代会制度纳入街镇的党建责任规划和经济社会发展规划之中，并推动其贯彻落实。

（2）纳入政府与工会联席会议议题，定期研商区域性、行业性集体协商和职代会制度在推行过程中的难点和热点问题，明确党政工及有关各方推进两项制度的各自职责，以切实可行的有效措施确保两项制度建立健全并有效运行。

（3）依托劳动关系三方协商机制，联动推动区域性、行业性集体协商和职代会制度的建立和运行，整合劳动监察等力量有效推动职代会巡视检查等工作制度的落实。

（4）积极探索推动区域性、行业性集体协商和职代会制度与区域行业劳动争议调解组织的有效联动，使劳动关系矛盾不出企业、不出社区、不出街镇，充分发挥两项制度在化解劳动关系矛盾，维护职工权益，促进企业发展中的积极作用。

7. 区域性、行业性集体协商和职代会制度如何与区域、行业劳动关系矛盾调处有机结合？

集体协商和职代会制度都属于我国协调劳动关系的重要制度，但在部分小微企业内部建立两项制度存在较大难度，故基层工会组织通过探索实践，创新发展了区域性、行业性两项制度，同时，相关法律法规又针对小微企业的特征，明确要求建立区域、行业劳动争议调解机制，以化解小微企业内部的劳动关系矛盾。推动区域、行业两项制度与劳动争议调解机制有效整合，将对促进区域、行业劳动关系稳定、经济社会健康持续发展有非常重大的现实意义。具体表现在：

（1）切实发挥两项制度的机制整合作用。各区域、行业可将劳动争议调解机制作为区域、行业职代会的专门委员会，将劳动争议调解机制的职责纳入区域性、行业性职代会的职责范畴中去。

（2）切实发挥两项制度的源头参与作用。把区域、行业所属企业的劳动用工规章制度纳入协商范围，并通过区域性、行业性职代会对所属企业劳动关系状况报告的审议，指导督促所属企业进一步完善企业用工管理制度，源头上维护职工基本权益。

（3）切实发挥两项制度的预警预防作用。通过职工代表的提案、巡视检查、工会劳动法律监督与劳动监察工作的有机结合，及时发现企业劳动用工方面存在的苗头性、倾向性问题，并督促整改，将有效预防化解劳动关系矛盾，对于促进区域、行业的稳定发展起到积极作用。

（4）切实发挥两项制度的管控调处作用。对已经发生劳动关系矛盾的企业，区域性、行业性职代会专门委员会可以联合有关方面共同指导规范企业和职工开展集体协商，及时掌控矛盾发展态势，积极推动双方寻找利益平衡点，有效化解矛盾。

8．如何确定开展区域性、行业性集体协商的主体？

区域性、行业性集体协商的职工方代表应由区域或行业的工会组织选派，并经过区域性、行业性职工代表大会或其他民主程序的确认，职工方首席代表应由区域、行业工会主要负责人担任。

企业方代表则应由相应一级的企业联合会 / 企业家协会、工商联、私营企业协会、外资企业商会等企业代表组织推荐，征求企业业主意见后产生；也可由区域内和行业内的企业经民主推选或授权委托等方式产生。企业方首席代表由企业代表组织负责人担任，也可由企业方协商代表共同推荐一人担任。

9．如何培育区域性、行业性集体协商的主体？

要加强基层工会组织建设，在中小企业比较集中的街道（乡镇）和工业园区，完善区域性、行业性工会组织建设，把开展区域性、行业性集体协商作为乡镇（街道）和园区工会发挥作用的重要抓手，最大限度地把乡镇（街道）和园区内非公企业覆盖到区域性、行业性集体协商的范畴中。

要推动有关部门建立健全行业协会、商会等企业代表组织，培育集体协商中和职工方对等的企业代表主体，并联合有关部门加强对区域、行业工会和企业负责人的培训，提高他们依法开展集体协商的能力素质，从而完善协商主体的构建，推进本地区区域性、行业性集体协商工作深入发展。

10．区域性、行业性集体协商职工方代表结构应该如何确定？

职工方协商代表人数应不少于三人，且应不少于企业方协商代表人数。职工方协商代表结构应合理，代表中要有基层一线职工，女职工比例较高的区域、行业，应有其相应代表。职工方可根据实际需要聘请上级工会等本区域、行业以外的专业人员担任本方协商代表，但其人数不得超过本方协商代表人数的三分之一。

11．区域性、行业性集体协商代表的权利和义务有哪些？

区域性、行业性集体协商代表的权利包括：

（1）参加集体协商；

（2）搜集与集体协商有关的情况和资料；

（3）听取本方人员的意见，回答本方人员的询问；

（4）参加集体协商争议的处理；

（5）其他需要履行的集体协商职责。

区域性、行业性集体协商代表的义务包括：

（1）维护区域、行业内所属企业正常的生产、工作秩序；

（2）保守在集体协商过程中知悉的区域、行业内所属企业的商业秘密；

（3）遵守集体协商双方约定的纪律，不散布协商过程中不宜外传的信息。

12. 区域性、行业性集体协商双方在正式协商前准备工作有哪些？

（1）自双方同意集体协商之日起15日内产生协商代表，并书面告知对方。

（2）双方各自确定协商代表的分工，并加强有针对性的教育培训。

（3）协商双方共同推荐产生一名记录员，负责会议记录。记录员不可兼任任何一方的协商代表。

（4）双方在广泛征求意见的基础上，共同制定协商方案，确定协商议题和重点。

（5）双方协商代表收集与协议议题有关的情况和资料。职工方协商代表所在的企业，应确保协商代表在履职期限内有不少于3个工作日从事相关工作。

（6）企业代表组织或企业方代表要根据职工方提出的要求，向职工方协商代表提供集体协商所需的数据和资料，双方可签订专门保密协议。

（7）在开展正式协商前，区域、行业工会要向上级工会进行预报，接受工作指导。

（8）收集相关信息，收集与本次协商议题有关的情况和资料，包括企业内部资料和外部信息，相关法律法规、政策文件等。

（9）确定集体协商的时间地点。

（10）其他需要准备的工作。

13. 对区域性、行业性集体协商记录员有哪些职责要求？

协商双方在正式协商开始前，应共同协商推荐一名记录员。协商代表不得担任记录员。记录员必须出席每次协商会议，并应详细记录每次协商会议的参会人员、协商内容、各方代表的意见和分歧、会议结果等事项，并将会议记录交双方首席代表签字。

14. 什么是劳动定额?

劳动定额是指在一定的生产技术组织条件下，为生产单位合格产品或完成一定工作任务所预先规定的劳动消耗量的限额标准。确定劳动定额应当按照“法定工作时间内、正常劳动条件下，90% 以上职工能够完成且不低于当地最低工资水平”的原则来确定。

15. 确定劳动定额有哪些方法?

（1）经验估工法。由定额人员、技术人员和工人结合以往生产实践经验，依据图纸、工艺装备或产品实物进行分析，并考虑所使用的设备、工具、工艺装备、原材料及其他生产技术和组织管理条件直接估算定额。

（2）统计分析法。把企业最近一段时间内生产该产品所耗工时的原始记录，通过一定的统计分析整理，计算出先进的消耗水平，以此为依据制订劳动定额。

（3）类推比较法。以现有产品定额资料为依据，经过对比推算出另一种产品、零件或工序的定额。作为依据的定额资料有：相似的产品、零件或工序的工时定额；类似的产品、零件或工序的实耗工时资料；典型零件、典型工序的定额标准。用来类比的两种产品必须具有可比性。

（4）技术定额法。在分析技术、组织条件和工艺规程、总结先进经验、尽可能充分挖掘生产潜力的基础上，设计合理的生产条件和工艺操作方法，对组成定额的各部分时间，通过分析计算和实地观察来制订定额。

16. 区域性集体协商的协商重点是什么?

（1）本区域的最低工资标准；

（2）本区域工资调整的最低幅度；

（3）本区域企业基本劳动规章制度；

（4）其他需要进行区域性集体协商的事项，主要包括餐饮住宿保障、劳动安全卫生、保险福利、女职工特殊劳动保护、农民工权益维护、技能提升、精神文明创建等。

17. 行业性集体协商的协商重点是什么？

（1）本行业的最低工资标准；

（2）本行业工资调整的最低幅度；

（3）本行业同类工种的定额标准；

（4）本行业工种、岗位的劳动安全和卫生标准；

（5）本行业各工种、岗位的职工培训制度。

18. 区域性、行业性工资集体协商参考因素有哪些？

（1）区域或行业人工成本水平；

（2）全市及区域或行业职工平均工资水平；

（3）企业工资增长指导线和劳动力市场工资指导价位；

（4）最低工资标准；

（5）城镇居民消费价格指数；

（6）其他与工资集体协商有关的因素。

19. 区域性、行业性集体合同何时产生法律约束力？

《上海市集体合同条例》第 31 条规定："行业性、区域性集体合同由企业方面代表或者工会负责将集体合同以及相关材料报送区、县人力资源社会保障部门。人力资源社会保障部门自收到报送的集体合同之日起十五日内未提出异议的，集体合同即行生效。"

将集体合同报送劳动行政部门审查备案时，应当提交以下材料：

（1）行业性或区域性集体合同；
（2）行业性或区域性集体合同送审表；
（3）企业认可行业性或区域性集体合同的证明材料；
（4）认可行业性或区域性集体合同的企业营业执照复印件；
（5）工会组织主体资格证明复印件；
（6）企业方代表产生的证明材料；
（7）职工方代表产生的证明材料；
（8）行业性或区域性协商代表基本情况表；
（9）区域职代会同意区域性集体合同草案的证明材料，或者认可行业性或区域性集体合同草案的企业全体职工代表半数以上或者全体职工半数以上同意该草案的证明材料。

20. 如何解决区域性、行业性集体协商在协商过程中的争议?

区域性、行业性集体协商过程中的争议主要有以下三种表现形式：第一种是一方当事人无正当理由拒绝进行集体协商的；第二种是虽然同意集体协商，但以种种理由拖延，迟迟不启动实质性协商的；第三种是已经开始进行集体协商，但双方不能达成一致的。

集体协商过程中的争议，在性质上不属于权利争议，很难以“合法”或者“非法”作出行为效力和法律后果上的判断，所以主要采取协调的手段进行处理。

解决协商过程中的争议，主要通过以下途径：

（1）职工一方可以提请上级工会、企业一方可以提请企业方面代表进行指导。需要说明的是，这里的“企业方面代表”不是指协商代表，而是指可以承担指导职能的相关组织，如企业联合会、工商业联合会、外企协会、私企协会、行业协会等。这里的“指导”是指相关组织各自对属于己方的协商代表进行指导和帮助，而不是对双方进行协调处理，也不是代替己方代表与对方进行协商。

（2）经指导仍未能达成一致的，集体协商的任何一方可以提请人力资源社会保障部门协调处理。集体协商双方未提请协调处理的，人力资源社会保障部门认为有必要时，也可以进行协调处理。

21. 如何处理区域性、行业性集体合同在履行中的争议?

依法订立的区域性、行业性集体合同对认可该集体合同的企业及其职工具有约束力，企业违反集体合同，侵犯职工劳动权益的，企业工会、区域或行业工会可以依法要求企业纠正，承担相应责任；因履行集体合同发生争议的，区域或行业工会应当会同企业代表组织或企业方代表，指导企业和企业工会协商解决；经协商解决不成的，区域或行业工会可以向劳动争议仲裁机构提请仲裁，对劳动争议仲裁委员会的裁决不服的，可以向人民法院提起诉讼。

22. 上级工会在区域性、行业性集体协商中应当发挥什么作用?

（1）观察指导作用。上级工会根据需要可以派相关人员观察区域性、行业性集体协商活动，这样能够更好地督促集体协商的过程严格按照法律规定的程序进行。需要说明的是，观察员的职责是实地了解集体协商情况，在集体协商会议中，未经双方首席代表同意，不宜就集体协商事项发表意见。

（2）委托参与作用。上级工会可以根据需要，受聘担任职工一方的协商代表，直接介入协商的过程。上级工会参与协商可以在一定程度上解决职工方不敢谈、不会谈的问题。

（3）调处争议作用。当劳资双方在协商过程中发生分歧，无法达成一致意见时，上级工会可以主动介入，指导双方继续有序协商，提出合理建设性意见，促成双方最终达成一致意见。

23. 区域性、行业性职代会的各个责任主体的职责主要有哪些?

按照《上海市职工代表大会条例》第39条的要求，乡、镇和街道党组织应当发挥统筹协调作用，确保本区域职代会制度有效运行。

乡、镇人民政府和街道办事处应当为推进区域性、行业性职代会制度正常运行提供人力、财力支持和组织保障，指导督促区域或行业落实职代会制度，确定负责推进职代会制度的具体行政职能部门。

区域、行业工会承担区域性、行业性职代会工作机构的职责，确保区域性、行业性职代会的日常运行。

企业代表组织负有支持区域性、行业性职代会制度规范运行，并督促企业落实职代会决议等职责。

区、街镇总工会应当指导区域性、行业性职代会制度的建立和有效运行。

以上责任主体应当共同履行下列职责：

（1）协商确定本区域应当建立哪些区域性或行业性职代会，筹备区域性、行业性职代会建立的相关事务；

（2）协商确定区域性或行业性职代会的具体职权内容，确定实施区域性、行业性职代会制度的召集人和责任人；

（3）督促企业落实区域性、行业性职代会决议；

（4）对违反《上海市职工代表大会条例》规定的企业提出处理建议。

24. 区域性、行业性职代会的届期应当如何确定？

职代会届期一般为 3 年至 5 年，因故需要延期换届的，区域或行业工会组织应征得同级党组织同意后向上一级工会报告。

25. 区域性、行业性职代会的主席团人数和比例结构应当如何把握？

区域性、行业性职代会的主席团成员人数一般为 5 至 9 人。其成员应由职工代表、工会组织代表、企业经营管理者代表和政府相关职能部门负责人等组成，其中工会代表和职工代表应超过半数。

主席团成员必须是本届职代会的正式代表，并由区域、行业工会会同相关部门和企业代表组织、企业代表协商确定提名人选。

26. 区域性、行业性职代会的代表人数如何确定?

各区域、行业应当按照规定协商确定本区域、行业职代会的职工代表人数，企业数量和职工人数较少的区域、行业，职工代表不得少于 30 名；企业数量和职工人数较多的区域、行业，职工代表人数应当相应增加，但一般不超过 200 人。此外，区域性、行业性职代会还可以设一定比例的列席代表和特邀代表，列席代表和特邀代表无选举权和表决权。

27. 区域性、行业性职代会的职工代表比例是怎样规定的?

区域性、行业性职代会的职工代表中，区域、行业内企业一线职工人数不低于 50%，区域、行业内企业经营管理者不得超过 30%，区域或行业工会负责人、企业代表组织负责人或企业方代表、政府相关职能部门负责人一般在 5% 左右。女职工代表应占适当比例，农民工、劳务派遣工较多的区域或行业应有相应代表。

28. 区域性、行业性职代会代表的选区应当如何划分?

各区域、行业应当根据各自实际，科学划分职代会代表的选区，一般而言，区域性、行业性职工代表的选区划分应当遵循下列原则：

（1）区域、行业内企业数量较少的，应当将每家企业作为一个选区，确保每家企业至少有 1 名代表参加区域性、行业性职代会；

（2）区域、行业内企业数量较多的，无法保证每家企业都有职工代表时，各区域、行业应当选择企业相近或相邻的单位作为同一选区，协商确定职工代表；

（3）区域或行业工会负责人、企业代表组织负责人或企业代表、政府相关职能部门负责人作为代表候选人的，应当将代表名额下放至相关选区选举，但不占相关选区名额。

29. 区域性、行业性职代会的职工代表如何产生?

区域性、行业性职代会的职工代表应由民主选举产生。选举时，应有选区全体职工三分之二以上参加，获得应到职工人数过半数赞成票方可当选。区域性、行业性职代会的职工代表实行常任制。代表可连选连任。区域性、行业性职代会不设当然代表。

30. 如何界定区域性、行业性职代会的职工代表资格?

享有政治权利的，与本区域、行业内企业建立劳动用工关系的经营管理者和职工，以及区域、行业工会组织负责人、政府相关职能部门负责人，经民主选举均可当选为区域性、行业性职代会的职工代表。

31. 如何做好区域性、行业性职代会职工代表的日常撤换工作?

区域性、行业性职代会的职工代表因与用人单位解除或终止劳动关系、职务变动等不能履行代表职责的，以及本人提出辞去职工代表的，代表资格终止。

区域性、行业性职代会的职工代表因发生下列情形之一的，应由原选区提出撤免建议，报请区域或行业工会组织审核，按民主程序作出撤免决定：

（1）违法违纪受到处罚或处分；

（2）无故不履行代表职责，失去选区职工信任。

区域性、行业性职代会的职工代表因代表资格终止、撤免发生缺额时，应由原选区按规定补选，并在下次职代会上予以确认。

32. 区域性、行业性职代会职权主要包括哪些内容?

按照《上海市职工代表大会条例》第40条规定，本市区域性、行业性职代会主要行使下列职权：

（1）听取区域、行业内企业执行劳动法律法规和政策情况报告。区域、行业劳动关系状况报告，并提出意见和建议。

（2）审议区域、行业内企业有关劳动报酬、工作时间、休息休假、劳动安全卫生、保险福利、职工培训，以及劳动定额等直接涉及职工切身利益的重大事项，提出意见和建议。

（3）审议通过区域性、行业性集体合同草案和专项集体合同草案。

（4）审查监督区域、行业内企业执行劳动法律法规和区域性、行业性职代会决定事项的情况，履行区域性、行业性集体合同和专项集体合同及缴纳社会保险费等情况。

（5）其他应当由区域性、行业性职代会行使的职权。

各区域行业职代会在行使上述职权基础上，可根据实际，将与企业有关的区域、行业经济发展情况、改善投资和生产环境情况，以及文明创建等方面内容与劳动关系状况报告等有机结合，并与劳动监察等部门工作相衔接。

33. 区域性、行业性职代会审议劳动关系状况报告的主要内容包括哪些?

（1）区域、行业以及所属企业劳动关系总体情况与和谐劳动关系创建情况；

（2）区域、行业的所属企业执行劳动合同制度以及劳动合同的签订、履行等基本情况；

（3）区域、行业以及所属企业集体协商、职代会制度建立和运行情况，集体合同履行情况；

（4）区域、行业的所属企业保障职工取得劳动报酬以及工资支付等基本情况；

（5）区域、行业的所属企业保障职工休息休假和改善劳动条件、保障职工安全健康等基本情况；

（6）区域、行业的所属企业依法为职工缴纳各项社会保险费以及开展职工技能培训等基本情况；

（7）区域、行业以及所属企业劳动争议调解委员会的建立和运行情况；

（8）区域、行业相关组织开展劳动法律法规监督检查情况；

（9）区域、行业以及所属企业其他涉及职工切身利益的劳动关系基本情况。

34. 区域性、行业性职代会审议通过权主要包括哪些内容？

按照《上海市职工代表大会条例》规定，除区域性、行业性集体合同草案和专项集体合同草案应当经区域性、行业性职代会审议通过之外，本区域行业的职代会制度实施办法、职代会的各项工作制度办法，以及由区域、行业自行决定的其他涉及职工切身利益的相关事项等都应当通过区域性、行业性职代会表决通过后实施。

35. 区域性、行业性职代会审查监督权应当如何实施？

对《上海市职工代表大会条例》明确规定的区域性、行业性职代会审查监督事项，即“审查监督区域、行业内企业执行劳动法律法规和区域性、行业性职代会决定事项的情况，履行区域性、行业性集体合同和专项集体合同及缴纳社会保险费等情况”，区域性、行业性工会应当会同政府相关职能部门、企业代表组织或企业方代表，组织职工代表每年定期开展巡视检查，指导企业及时落实，对巡视检查中发现的问题，应当督促企业及时整改，并形成专项报告，向下一次职代会报告，接受职代会审议。

36. 如何确定区域性、行业性职代会的议题？

区域、行业工会组织根据职代会权限，通过征集职工代表提案或在征求企业、企业工会、职工代表和职工意见的基础上，提出本次职代会的议题建议，并会同政府相关职能部门、企业代表组织或企业方代表，协商确定正式议题草案，最终提交区域性、行业性职代会预备会议审议通过。

37. 区域性、行业性职代会的筹备阶段主要有哪些工作?

职代会筹备阶段的主要任务是选举、调整职工代表，征求和确认职代会中心议题，起草相关材料，确定大会主席团和民主管理专门小组等事项。

（1）由区域、行业工会会同政府相关职能部门、企业代表组织或企业代表协商确定代表名额、合理划分选区，并由区域、行业工会组织职工代表的选举、撤换、补选等工作。由区级层面建立的行业职代会，其职工代表的名额确定、选区划分等工作，由行业工会与区级层面相关职能部门，以及行业企业代表组织协商确定。

（2）区域、行业工会通过开展职工代表提案征集或在征求职工代表和职工意见的基础上形成议题草案，并会同政府相关职能部门、企业代表组织或企业代表协商确定正式议题。

（3）区域、行业工会会同政府相关职能部门、企业代表组织或企业代表确定会议召集人，并根据会议议题确定各项工作责任人，起草提交大会审议和审议表决的相关材料。

（4）做好大会的其他相关工作。

38. 区域性、行业性职代会的预备会议主要有哪些议程?

（1）通报职代会代表资格审查小组成员名单；

（2）听取职代会筹备工作情况报告；

（3）审议通过职代会代表资格审查情况报告；

（4）审议通过职代会表决办法；

（5）审议通过职代会议程；

（6）审议通过职代会主席团名单；

（7）审议通过职代会监票人和总监票人名单；

（8）决定职代会其他有关事项。

39. 区域性、行业性职代会的正式会议主要有哪些议程？

区域性、行业性职代会正式会议由主席团推选的主持人主持，大会要报告职代会代表应到人数、实到人数，确定会议召开的有效性。大会一般有审议报告、审议通过议案（倡议类、签约类等）及审议通过大会决议等重要内容和议程。

（1）听取区域、行业内企业执行劳动法律法规和政策情况报告，区域、行业劳动关系状况等事项的报告，并作情况说明。

（2）审议区域、行业内企业有关劳动报酬、工作时间、休息休假、劳动安全卫生、保险福利、职工培训，以及劳动定额等直接涉及职工切身利益的重大事项，并作情况说明，听取职工代表意见和建议。

（3）听取上一轮集体合同履约和上一次职代会决议落实、提案处理等事项的情况报告，确认职代会闭会期间由职代会联席会议处理的有关问题的决定。

（4）报告本次集体协商情况和集体合同草案内容的说明，听取职工代表的意见和建议。审议表决集体合同草案、专项集体合同草案。

（5）选举产生民主管理专门小组（委员会）成员以及区域、行业协商确定需要经职代会选举的人员。

（6）集体协商双方首席代表签订通过的各类集体合同。

（7）审议表决大会决议，进行大会总结。

40. 区域性、行业性职代会通过事项和决议应当如何向企业和职工公布？

区域性、行业性职代会审议通过事项主要包括集体合同、专项集体合同和有关决议，这些事项和决议都属于区域、行业内企业劳动关系的共性事项，需要区域、行业内的企业和职工及时了解与掌握，因此，各区域、行业应当根据各自实际在两个层面予以公布：

一是在区域、行业层面公布，主要是运用区域、行业相关宣传阵地，广泛宣传报道区域性、行业性职代会审议通过的事项和决议。

二是推进企业内部对这些事项和决议的公开，各区域、行业可以充分运用各种力量，指导督促企业和企业工会在企业内部通过企业公开栏、局域网、微信群等途径向职工公开；也可以由职工代表带回企业公布，促使这些事项和决议更好地得到落实。

41. 区域性、行业性职代会代表资格审查小组的职责及人员构成?

职代会代表资格审查小组的职责主要有：

（1）审查代表是否具备代表资格；

（2）审查代表的产生是否符合规定的民主程序；

（3）审查代表结构比例是否符合规定；

（4）形成专项书面报告，向职代会报告审查结果。

职代会代表资格审查小组由区域、行业工会负责人，政府相关职能部门负责人，企业代表组织负责人或企业代表，所属单位一线职工代表和经营管理者代表组成，一般为 5 至 7 人。

42. 区域性、行业性职代会民主管理专门委员会（小组）的工作职责和人员构成?

职代会民主管理专门委员会（小组）是为职代会依法行使职权服务的专门工作机构，并受职代会领导，开展集体合同履约、职代会决议贯彻等情况的督促检查，组织开展职代会提案活动，调处区域、行业所属企业劳动争议等工作。

职代会民主管理专门委员会（小组）成员由区域、行业工会提名，其成员一般由区域行业工会负责人、政府相关职能部门负责人、企业代表组织负责人或企业代表、所属企业工会负责人和职代会代表组成，并可聘请劳动关系领域专业人员参加。

43. 区域性、行业性职代会提案工作应当聚焦哪些重点?

区域、行业工会应当在职代会召开或闭会期间，重点围绕下列事项开展职代会提案工作：

（1）区域、行业和谐劳动关系创建过程中需要改善的问题；

（2）区域、行业的所属企业劳动用工管理方面需要规范的问题；

（3）区域、行业及所属企业经营发展需要解决和改善的问题；

（4）职工工作、生活中需要改善和解决的问题；

（5）区域、行业及所属企业文明创建和平安建设中需要改善与提高的问题；

（6）职工代表认为其他需要解决的问题。

44. 区域性、行业性职代会提案的办理应该注意哪些事项?

提案应由一名提案人和两名以上附议人以书面形式提出，内容包括标题、案由、依据、解决办法和签字；提案专门委员会（小组）负责提案的审查立案。对于未立案的提案必须向提案人、附议人说明原因；提案专门委员会（小组）对采纳的提案，送达相关职能部门，并督促整改落实；提案专门委员会（小组）对提案的立案、落实、检查等情况应形成书面材料，向下一次职代会作专项报告。

45. 如何做好区域性、行业性职代会的巡视检查工作，其检查内容主要有哪些?

区域、行业工会应当会同政府相关职能部门、企业代表组织或企业方代表，组织职工代表对所属企业履行集体合同、执行职代会决议、规范劳动用工、开展和谐劳动关系创建等情况进行检查，督促企业及时整改问题，并形成工作报告，向下一次职工代表大会通报。

巡视检查中有两点注意事项：一是要注重力量整合环节，可结合区、镇两级人大的执法检查或巡视、厂务公开调研检查、劳动监察、工会劳动法律监督等共同开展。二是要注重督促整改环节，将巡视检查情况和整改建议以书面形式向单位反馈，督促整改，以达到巡视检查的目的。

46. 区域性、行业性职代会职工代表巡视检查工作如何与劳动保障监察工作有机结合？

《劳动保障监督条例》第 7 条规定，各级工会依法维护劳动者的合法权益，对用人单位遵守劳动保障法律、法规和规章的情况进行监督。劳动保障行政部门在劳动保障监察工作中应当注意听取工会组织的意见和建议。《上海市职工代表大会条例》第 45 条规定，市和区人力资源社会保障行政管理部门与同级工会对企业执行劳动保障法律法规情况开展联合监督检查时，应当检查企业实行职工代表大会制度的情况。基于以上规定，区域性、行业性职代会职工代表巡视检查工作可以与劳动保障监察有机结合。

具体实施过程中，各区域、行业工会要建立与劳动保障监察组织的正常沟通机制，定期组织职工代表和劳动保障监察工作人员，针对辖区内所属企业执行劳动法律法规、履行集体合同、落实职代会决议等情况进行联合监督检查，发现问题及时督促整改，并形成巡视检查专项报告，提交下一次区域性、行业性职代会审议。

47. 职代会闭会期间区域、行业工会组织应当发挥哪些作用？

区域、行业工会作为区域性、行业性职代会的工作机构，在职代会闭会期间应当做好下列几项工作，以切实发挥工会组织作用：

（1）动员企业和职工督促落实区域性、行业性职代会审议通过事项和相关决议；

（2）会同政府相关部门、企业代表组织或企业代表，通过民主恳谈会、共商会、议事会等形式，听取企业和职工的意见，畅通职工诉求渠道，及时化解所属企业和职工应急应需的各类矛盾；

（3）组织职工代表、民主管理专门委员会（小组）开展提案办理、巡视检查等日常民主管理活动；

（4）完成职代会交办的其他工作。

48. 如何确定区域性、行业性职代会的工作经费?

《上海市职工代表大会条例》第39条明确规定，“乡、镇人民政府和街道办事处应当积极推动实施区域性、行业性职工代表大会制度，支持和保障职工代表大会制度的正常运行”，这其中就包含了经费等事项。

实际操作中，区域性、行业性职代会的经费应当从乡镇、街道人民政府（办事处）财政经费中列支，也可以由上级工会予以支持。各地区、街镇工会可通过与政府联席会议等途径，协商确定区域性、行业性职代会经费支出等问题。

第3章 | 区域性、行业性集体协商与职工代表大会工作流程及范例

区域（行业）集体协商流程图

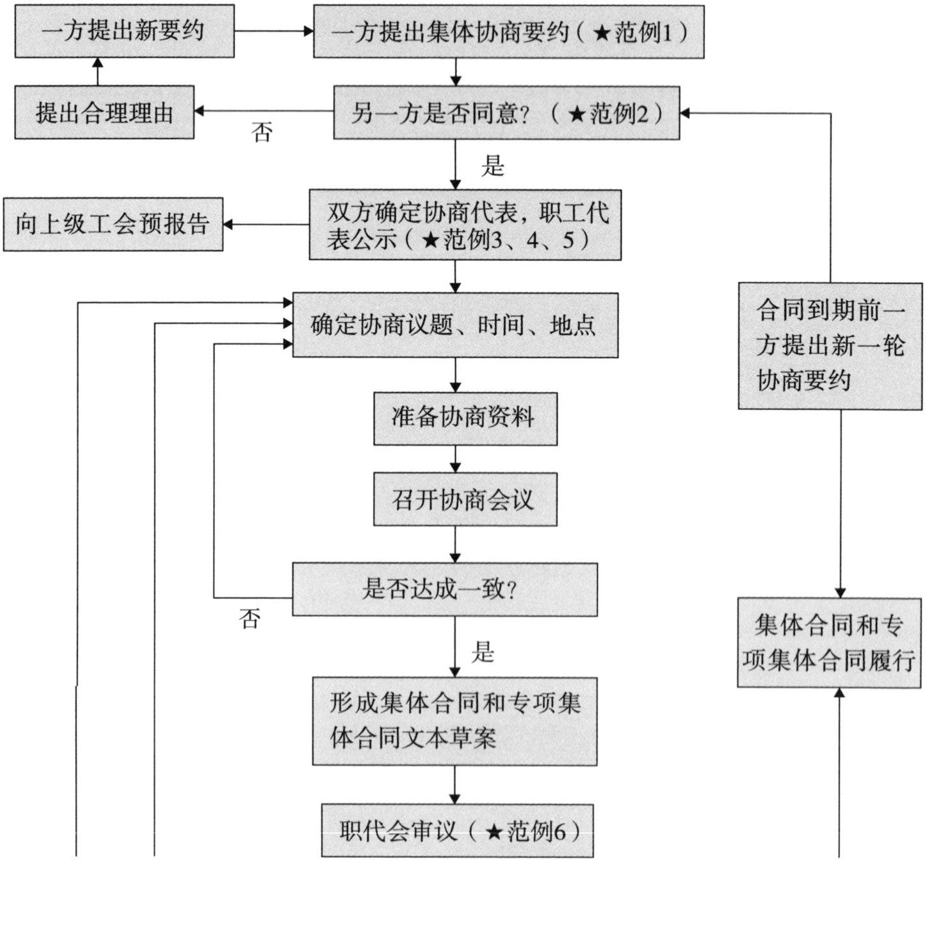

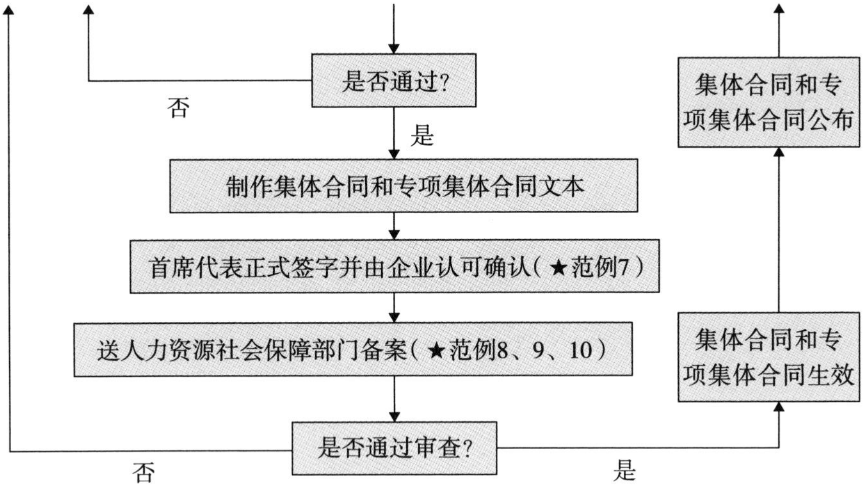

区域（行业）职工代表大会总流程图

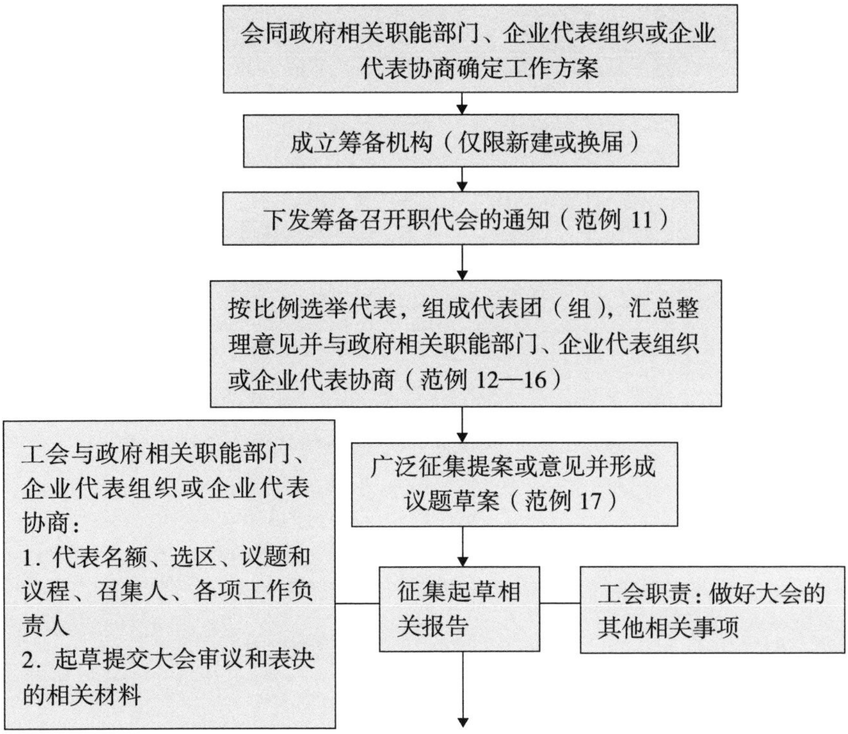

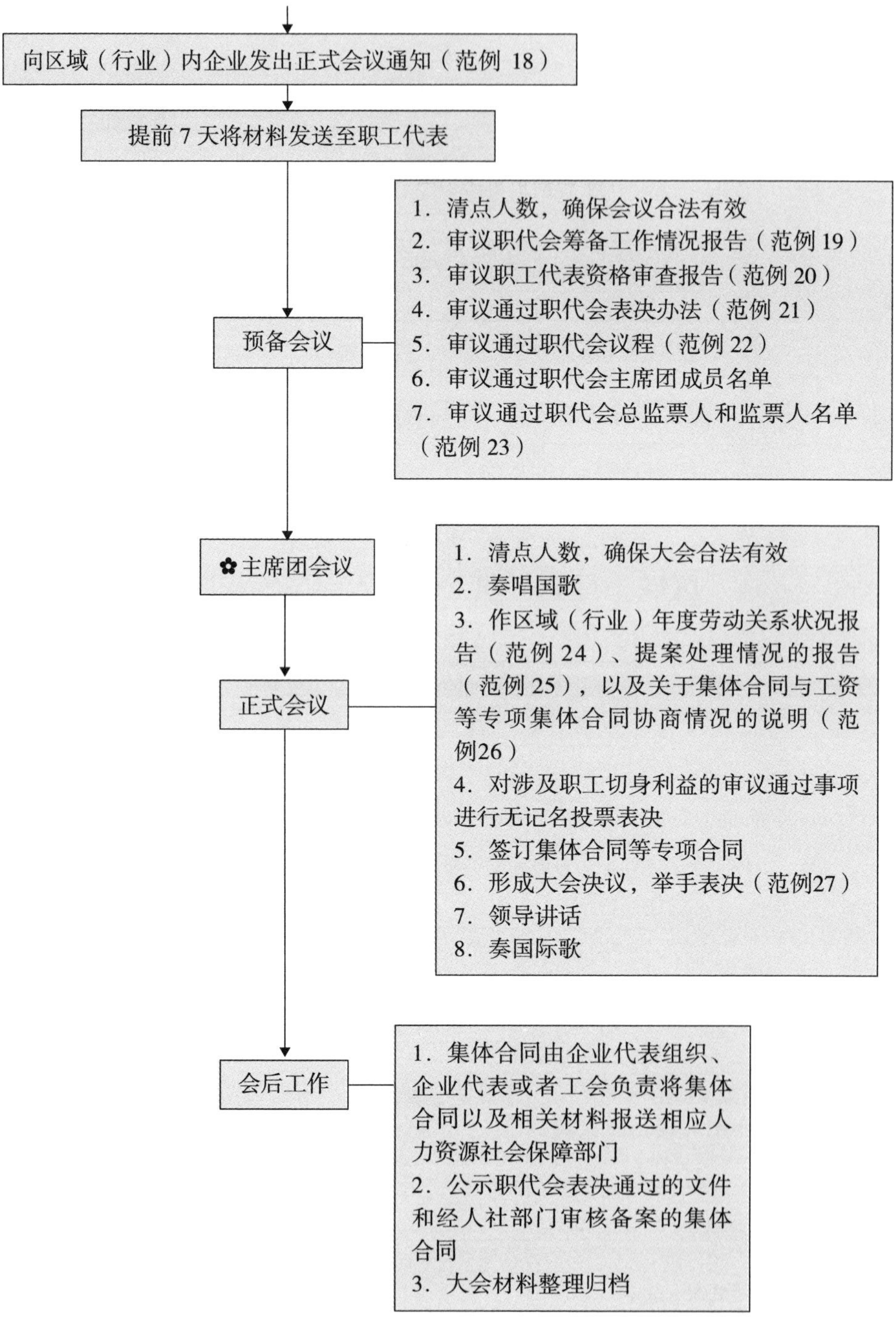

注：✿可根据各单位实际情况确定召开次数。

审议建议权流程图

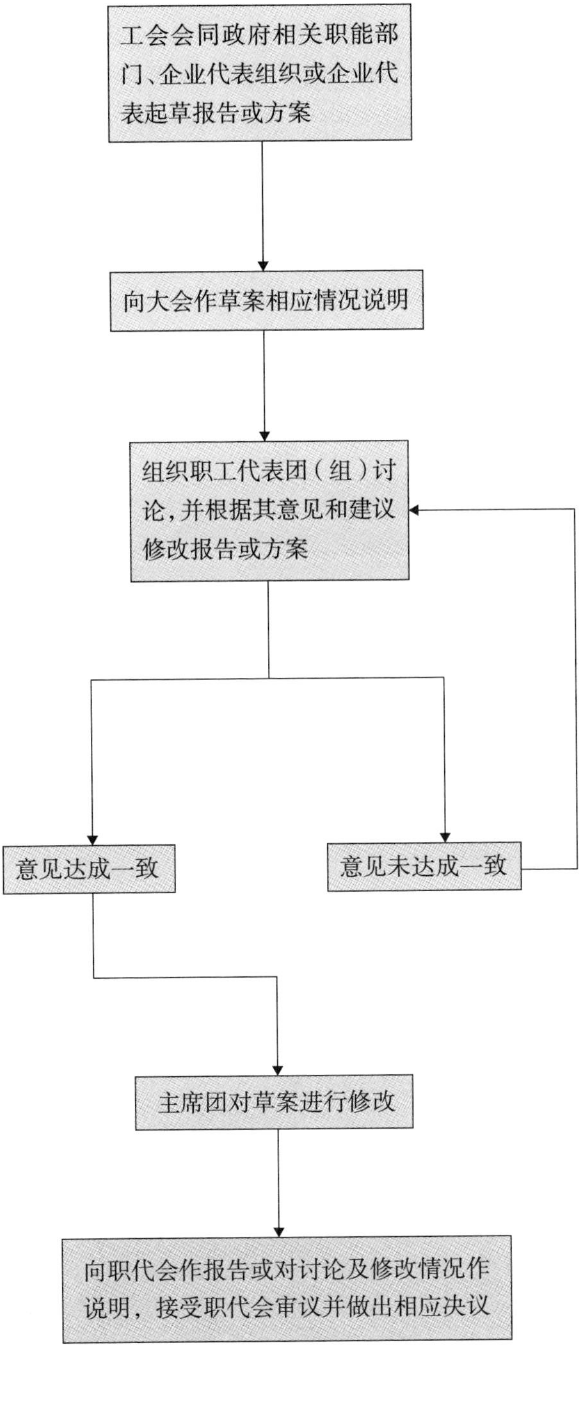
工会会同政府相关职能部门、企业代表组织或企业代表起草报告或方案
向大会作草案相应情况说明
组织职工代表团（组）讨论，并根据其意见和建议修改报告或方案
意见达成一致
意见未达成一致
主席团对草案进行修改
向职代会作报告或对讨论及修改情况作说明，接受职代会审议并做出相应决议

审议通过权流程图

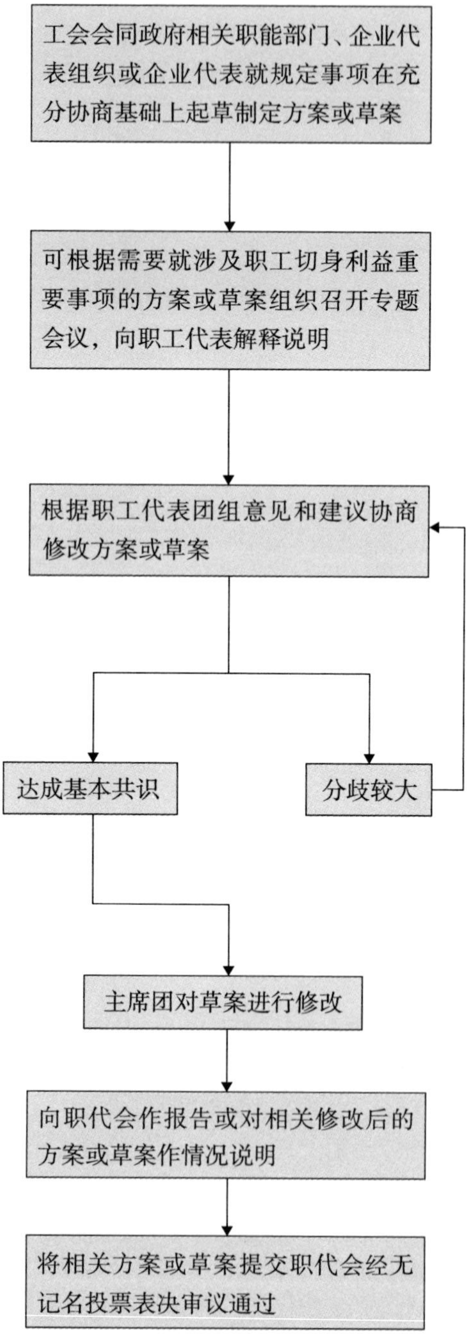
工会会同政府相关职能部门、企业代表组织或企业代表就规定事项在充分协商基础上起草制定方案或草案
可根据需要就涉及职工切身利益重要事项的方案或草案组织召开专题会议，向职工代表解释说明
根据职工代表团组意见和建议协商修改方案或草案
达成基本共识
分歧较大
主席团对草案进行修改
向职代会作报告或对相关修改后的方案或草案作情况说明
将相关方案或草案提交职代会经无记名投票表决审议通过

审查监督权流程图

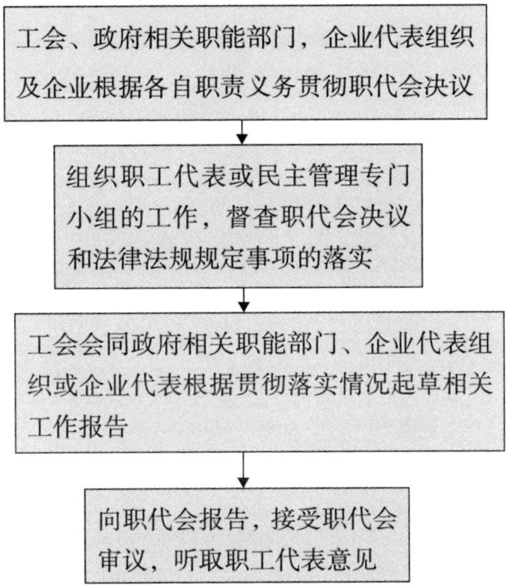

民主选举权流程图

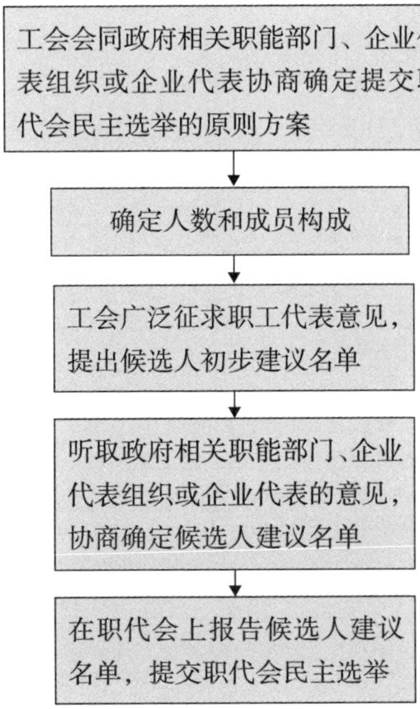

提案工作流程图

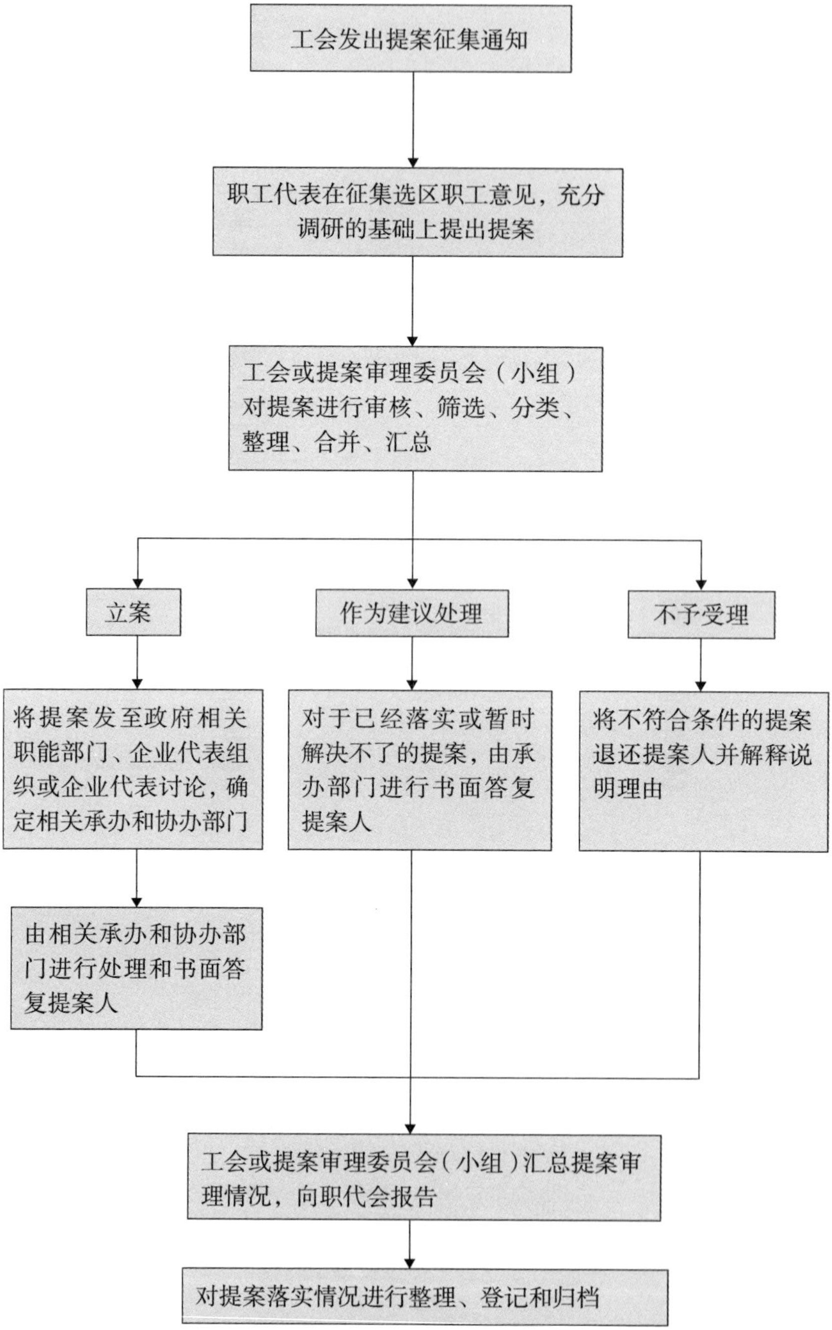
工会发出提案征集通知
职工代表在征集选区职工意见，充分调研的基础上提出提案
工会或提案审理委员会（小组）对提案进行审核、筛选、分类、整理、合并、汇总
立案
作为建议处理
不予受理
将提案发至政府相关职能部门、企业代表组织或企业代表讨论，确定相关承办和协办部门
对于已经落实或暂时解决不了的提案，由承办部门进行书面答复提案人
将不符合条件的提案退还提案人并解释说明理由
由相关承办和协办部门进行处理和书面答复提案人
工会或提案审理委员会（小组）汇总提案审理情况，向职代会报告
对提案落实情况进行整理、登记和归档

巡视检查工作流程图

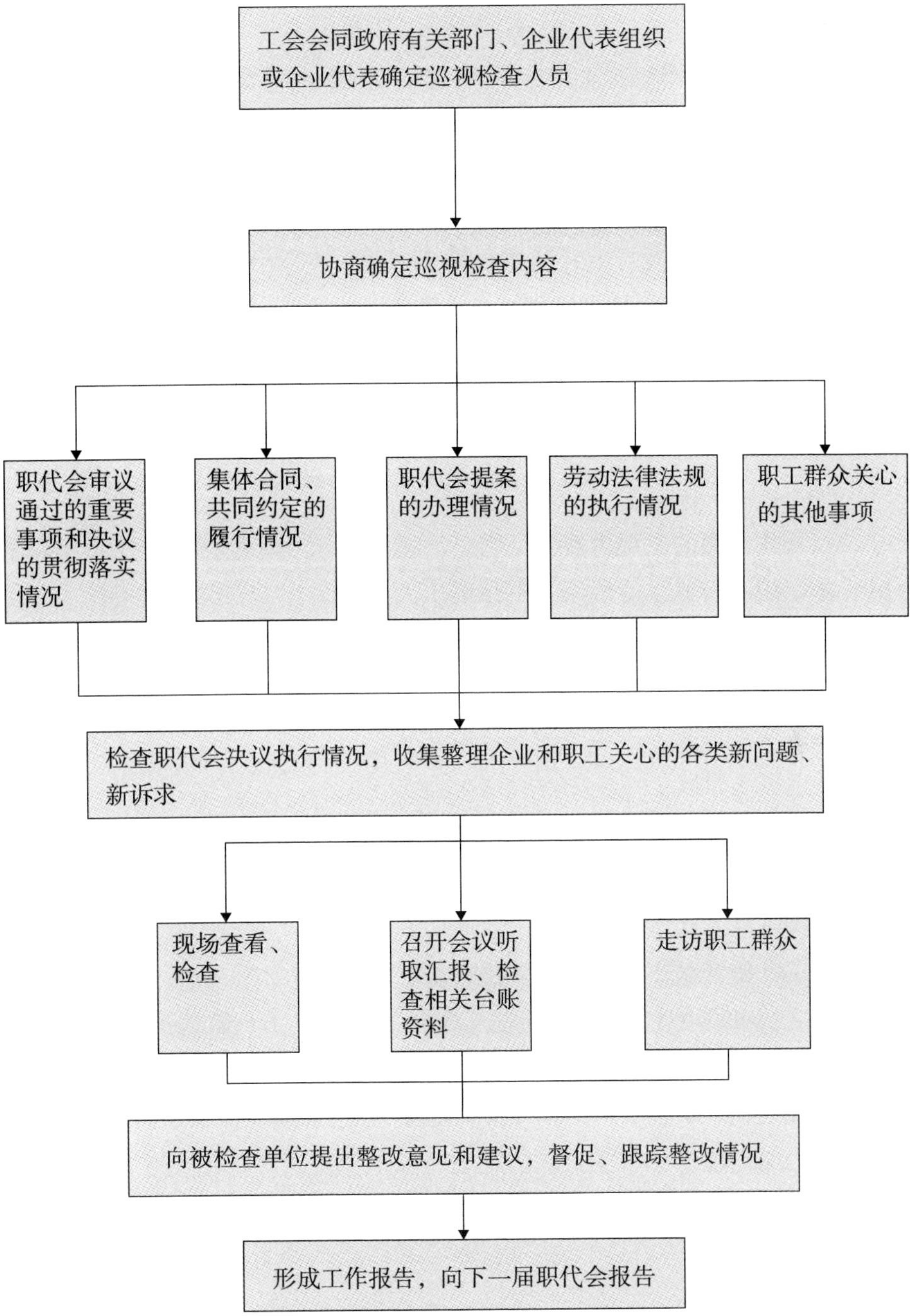
工会会同政府有关部门、企业代表组织或企业代表确定巡视检查人员
协商确定巡视检查内容
职代会审议通过的重要事项和决议的贯彻落实情况
集体合同、共同约定的履行情况
职代会提案的办理情况
劳动法律法规的执行情况
职工群众关心的其他事项
检查职代会决议执行情况，收集整理企业和职工关心的各类新问题、新诉求
现场查看、检查
召开会议听取汇报、检查相关台账资料
走访职工群众
向被检查单位提出整改意见和建议，督促、跟踪整改情况
形成工作报告，向下一届职代会报告

范例 1

集体协商要约书

企业代表组织（企业组织代表）：

为构建和谐稳定的劳动关系，维护职工合法权益，促进企业持续发展，根据《中华人民共和国劳动法》《中华人民共和国劳动合同法》《上海市集体合同条例》等法律法规规定，从本区域（行业）实际出发，我会建议职工方代表与企业组织方代表就本区域（行业）劳动关系有关事项进行集体协商。为使协商顺利进行，特提出如下建议：

一、集体协商会议的时间、地点

1. 时间：××××年××月××日×时；

2. 地点：××××。

二、集体协商的主要内容

1. 本区域（行业）的最低工资标准；

2. 本区域（行业）的工资调整幅度；

3. 本区域（行业）同类工种的定额标准；

4. 本区域（行业）劳动安全和卫生标准；

5. 本区域（行业）职工培训制度；

6. 本区域（行业）女职工特殊权益保护；

7. ……

三、确定双方集体协商代表

按规定，建议双方各派×名协商代表。

职工方协商首席代表：×××，职务：×××。（首席代表由工会主要负责人担任）

其他代表为：×××、×××。（区域、行业内女职工比例较高的，应当有女性协商代表）

请企业组织方提供协商代表和首席代表名单，以便工作沟通，并做好协商的准备工作。

四、提供企业经营资料

为便于协商的顺利开展，请企业组织方依法在协商会议开始 5 日前，将上一年度本区域（行业）生产经营方面的相关资料提供给职工方首席代表。所涉及的商业秘密，本方代表将依法严格遵守保密规定。

请收到本集体协商建议书之日起 15 日内予以书面答复。

区域（行业）工会（章）

×××× 年 ×× 月 ×× 日

范例 2

集体协商要约答复书

区域（行业）工会方：

你会于 ×××× 年 ×× 月 ×× 日发出的《集体协商要约书》已收悉，现就要约书中有关问题回复如下：

1. 同意要约书中提出的具体协商时间和地点。
2. 同意要约书中提出的建议协商的内容。
3. 行政方协商首席代表：×××，职务：×××。

其他代表是：×××、×××。

（企业方协商代表由相应一级的企业方代表组织推荐，征求区域、行业内企业业主意见后产生；也可由区域、行业内企业业主经民主推选或授权委托等方式产生。首席协商代表由区域、行业企业方代表组织负责人担任；也可由企业方协商代表共同推荐一人担任。）

4. 行政方已准备好相关资料，届时按规定提交。

以上回复如有异议，请及时沟通。

此复

企业代表组织或企业组织代表（章）

×××× 年 ×× 月 ×× 日

范例 3

区域（行业）集体协商
企业方代表授权委托书

兹同意委托 ×××、×××、×××、×××、××× 为企业方面协商代表，代表区域（行业）的企业与工会方面的代表开展区域（行业）集体协商，签订集体合同和专项集体合同。

企业盖章（公章） 法定代表人： 年　月　日	企业盖章（公章） 法定代表人： 年　月　日	企业盖章（公章） 法定代表人： 年　月　日
企业盖章（公章） 法定代表人： 年　月　日	企业盖章（公章） 法定代表人： 年　月　日	企业盖章（公章） 法定代表人： 年　月　日
企业盖章（公章） 法定代表人： 年　月　日	企业盖章（公章） 法定代表人： 年　月　日	企业盖章（公章） 法定代表人： 年　月　日

范例 4

区域（行业）集体协商
职工方代表选派证明

兹选派 ×××、×××、×××、×××、××× 为职工方协商代表，与企业方代表开展区域（行业）集体协商，签订集体合同和专项集体合同。

工会名称（章）：
工会主席：×××
×××× 年 ×× 月 ×× 日

范例 5

区域（行业）集体协商代表基本情况表

区域（行业）名称（章）：
报送日期：×××× 年 ×× 月 ×× 日

代表方	姓 名	性 别	单位及职务	身份证号码（护照号码）	劳动合同期限	备 注
企业方						首席代表
职工方						首席代表

注：协商代表具体人数由双方协商确定，但每方协商代表人数不得少于3人，企业方的协商代表不得多于职工方的协商代表。

范例 6

关于审议通过集体合同和专项集体合同的决议

××区域（行业）于××××年××月××日，召开职工代表大会（或全体职工大会），对××进行了审议。大会听取了×××（职工方首席代表）关于集体合同和专项集体合同草案产生情况的报告，对合同内容展开了讨论并进行了表决。大会应到代表××名，实到××名。

经无记名投票表决，同意××票，不同意××票，弃权××票，同意率为×%，获得大会审议通过。

工会（章）：

职工方首席代表：×××

××××年××月××日

范例 7

企业认可区域（行业）集体协商确认书

本企业认可并同意执行所委托企业方面代表与工会方面代表协商签订的区域（行业）集体合同和专项集体合同。

本企业职工××人，其中女职工××人。

确认日期：××××年××月××日

编号：

企业名称（章）：

企业法定代表人：×××

范例 8

集体协商过程说明

一、协商经过

1. ×× 方于 ×××× 年 ×× 月 ×× 日向对方提出集体协商要约；×× 方于 ×××× 年 ×× 月 ×× 日答复同意进行集体协商。

2. 企业方和职工方分别于 ×××× 年 ×× 月 ×× 日前依法产生协商代表。

3. 企业方和职工方于 ×××× 年 ×× 月 ×× 日就协商意向书提出的内容进行协商，双方达成一致意见后制作集体合同草案。

4. 集体合同草案于 ×××× 年 ×× 月 ×× 日经职工代表大会（全体职工大会）表决通过，于 ×××× 年 ×× 月 ×× 日制作正式文本并由双方首席代表签字、盖章。

二、协商的主要议题

……

三、职工对于集体合同条款的意见和建议

……

×××× 年 ×× 月 ×× 日

范例 9

企业认可区域（行业）集体协商企业名单

编号	企业名称（请填写工商营业执照上登记的全称）	统一社会信用代码	法定代表人（请填写工商营业执照上登记的法人代表或负责人）	职工人数	女职工人数
1					

续表

编号	企业名称（请填写工商营业执照上登记的全称）	统一社会信用代码	法定代表人（请填写工商营业执照上登记的法人代表或负责人）	职工人数	女职工人数
2					
3					
4					
5					
6					
7					
8					
9					
10					

范例 10

登记编号：__________

行业性 / 区域性集体合同送审表

集体合同类型	□综合；□工资专项；□女职工专项；□劳动安全专项；□其他		
行业（区域）名称（章）		工会名称（章）	
企业方首席代表	×××	职工方首席代表	×××
工会统一社会信用代码（18 位）			
主管单位		认可集体合同企业数量	×× 户
认可集体合同企业覆盖人数	×× 人	其中：认可集体合同企业职工人数	×× 人，女职工 ×× 人
联系人	×××	联系电话	
联系地址			邮政编码：
合同性质	□首次签订；□中断后重新签订；□续签；□变更		
合同期限	×× 年		
工资专项集体合同起止日期（非工资专项集体合同无须填写起止日期）	自 ×××× 年 ×× 月 ×× 日起至 ×××× 年 ×× 月 ×× 日止		
送审日期	×××× 年 ×× 月 ×× 日		

注：1. 主管单位：填写企业所在区名称和街镇名称。

2. 认可集体合同企业数量以《认可行业性 / 区域性集体合同企业名单表》的企业数量为准。

3. 认可集体合同企业覆盖人数以《认可行业性 / 区域性集体合同企业名单表》的覆盖人数为准。

4. 认可集体合同企业职工人数：同认可集体合同企业直接签订劳动合同的人数。

范例 11

关于筹备召开 ×× 地区（行业）× 届 × 次职工代表大会的通知

各企业工会、联合工会：

根据《上海市职工代表大会条例》的有关规定，经工会与政府相关职能部门、企业代表组织（企业代表）协商决定，拟于 ×× 月召开 ×× 地区（行业）第 × 届职工代表大会，现就做好职工代表大会各项筹备工作安排如下：

一、职工代表大会的指导思想

……

二、大会主要议题

……

三、代表选举

1. 代表比例和成分。地区（行业）第 × 届职工代表大会的代表，总数为 ×× 人。按照有关规定，代表分为一线职工 ×× 人，占 ×%；企业经营管理人员 ×× 人，占 ×%；区域（行业）工会负责人、企业代表组织负责人（企业代表）、政府相关职能部门负责人 ×× 人，占 ×%；女职工代表、农民工、劳务派遣工占适当比例，名额分配到各选区。本次职工代表大会设列席代表 ×× 人，特邀代表 ×× 人。

2. 代表条件。凡享有法律法规规定的政治权利，拥有选举权和被选举权，与本区域、行业内企业建立劳动用工关系的经营管理者和职工，以及工会组织负责人、政府相关职能部门负责人。并具备以下条件：拥护党的方针、政策，严格遵守国家的法律、法规；密切联系群众，有较高的威信，能代表和反映职工群众的意见和要求；具有爱岗敬业精神，积极做好本职工作；具备一定文化程度，有一定的实际工作经验和参政议政能力。

3. 代表选举。按照总的名额分配原则，现给你选区 × 名职工代表名额，希望你选区按照职工代表选举要求通过无记名投票方式选举产生本选区的职工代表。代表分配名额、代表条件、选举结果要向全体职工公开。代表选举工作应在 ×××× 年 ×× 月 ×× 日前完成，并上报筹委会进行代表资格审查。

四、提案征集

职工代表选举产生后，各选区要组织职工代表围绕经营管理、安全生产、生活福利、社区建设等问题，广泛征集职工群众的意见，由职工代表填写提案表，并于 ×× 月 ×× 日前报大会筹委会。

……

××区域（行业）职工代表大会筹备委员会

××××年××月××日

范例 12

××区域（行业）职工代表大会职工代表名额分配表

选区	代表类别／代表数	职业分类			身份分类		
		一线职工	企业经营管理者	政府部门、工会、企业代表组织负责人	女性代表	劳务派遣人员	外包工
总计							

范例 13

××区域（行业）第×届职工代表大会代表选举办法

一、根据《上海市职工代表大会条例》《上海市区域性、行业性集体协商、职工代表大会工作规范》及有关规定制定本选举办法。

二、职工代表选举采用无记名投票方式。参加选区选举的职工人数必须超过应到会人数的三分之二。因故缺席的职工不参加投票，不能委托投票。

三、选区选举设总监票人1名、监票人×名，对发票、投票、点票、计票工作进行全过程监督。

总监票人、监票人由××区域（行业）工会在选区非候选职工中提名，并在选区公示通过。

四、职工代表选举选票上应盖有“××区域（行业）工会委员会”的印章。选票上的候选人名单按姓氏笔画顺序排列。

五、职工对选票上的候选人可以投赞成票或不赞成票，可以投弃权票，也可以另选他人。赞成的，在候选人姓名上方的小方格内画一个“○”；不赞成的或弃权的，在候选人姓名上方的小方格内不作任何符号；如另选他人，可在相应的空格内填上要选人的姓名，并在其上方的小方格内画一个“○”。填写选票用黑色钢笔或圆珠笔，符号要准确，字迹要清楚。

六、投票时，总监票人和监票人先行投票，随后职工依次投票。

七、投票结束后，当场开启票箱，清点票数。收回的选票等于或少于发出的选票，选举有效，多于发出的选票，选举无效，应重新选举；每张选票所选人数等于或少于应选人数的为有效票，超过应选人数的为废票。

八、候选人所得票数超过应参选职工半数的方可当选。如获得过半数选票的候选人人数超过应选人数时，以得票数多的当选；如最后几名候选人得票数相等不能确定当选人时，应对得票数相等的候选人重新投票，以得票多者当选。获得过半数选票的候选人人数少于应选人数时，不足的人数应另行补选。

九、计票结束后，由总监票人向大会宣布计票结果，由大会主持人向大会宣布选举结果。

十、本选举办法经 ×× 地区（行业）职工代表大会筹备组审议通过后，加盖 ×× 区域（行业）工会印章方为有效。

范例 14

职工代表选票

×× 区域（行业）第 × 届职工代表大会代表选票

（按姓氏笔画排序）

第 ×× 选区：

符号								
候选人姓名								

符号								
另选人姓名								

填票说明：

1. 职工代表候选人 × 名，应选 × 名，多选为废票。
2. 职工对选票上的候选人可以投赞成票或不赞成票，可以投弃权票，也可以另选他人。赞成的，在候选人姓名上方的小方格内画一个“○”；不赞成的或弃权的，在候选人姓名上方的小方格内不作任何符号；如另选他人，可在相应的空格内填上要选人的姓名，并在其上方的小方格内画一个“○”。
3. 填写选票一律用黑色钢笔或圆珠笔，符号要准确，字迹要清楚。

范例 15

职工代表选举计票结果报告表

第 ×× 选区：

本选区应参选职工 ×× 名、实到参选职工 ×× 名，发出选票 ×× 张，收回选票 ×× 张，有效票 ×× 张，无效票 ×× 张。计票结果如下（按同意票多少排序）：

姓名										
票数										

工作人员（签名）：　　　　年　月　日

范例 16

职工代表登记表

<table>
<tr><td>姓名</td><td></td><td>性别</td><td></td><td>出生年月</td><td></td><td>民族</td><td></td></tr>
<tr><td>参加工作年月</td><td></td><td>籍贯</td><td></td><td>政治面貌</td><td></td><td>文化程度</td><td></td></tr>
<tr><td colspan="2">所在单位及职务</td><td colspan="6"></td></tr>
<tr><td colspan="2">个人主要简历</td><td colspan="6"></td></tr>
<tr><td colspan="2">何时何选区当选代表</td><td colspan="6"></td></tr>
<tr><td colspan="2">职工代表大会筹备组审查意见</td><td colspan="6">（工会代章）
年　月　日</td></tr>
<tr><td colspan="2">备注</td><td colspan="6"></td></tr>
</table>

范例 17

职工代表大会提案征集表

<table>
<tr><td>提案人
姓名
及单位</td><td></td><td>附议人
姓名
及单位</td><td></td></tr>
<tr><td rowspan="2">提案内容</td><td colspan="3">案题：</td></tr>
<tr><td colspan="3">主要内容（可另附页）：</td></tr>
<tr><td>提案小组意见</td><td colspan="3">负责人签字：　年　月　日</td></tr>
<tr><td>承办部门办理情况</td><td colspan="3">负责人签字：　年　月　日</td></tr>
<tr><td>提案人
反馈意见</td><td colspan="3">提案人签字：　年　月　日</td></tr>
<tr><td>提案小组
督办意见</td><td colspan="3">提案小组负责人签字：
年　月　日</td></tr>
</table>

范例 18

关于召开 ×× 区域（行业）× 届 × 次职工代表大会的通知

××：

经工会与政府相关职能部门、企业代表组织（企业代表）协商决定，定于 ×××× 年 ×× 月 ×× 日召开 ×× 区域（行业）× 届 × 次职工代表大会。现将有关事项通知如下：

一、会议日期

×× 月 ×× 日（星期 ×）召开区域（行业）× 届 × 次职工代表大会，会期 × 天。

二、会议地点

……

三、出席对象

× 届 × 次职工代表大会正式代表、列席代表、特邀代表。

四、报到时间

出席会议的正式代表和列席代表于 ×× 月 ×× 日上午 × 时在 ×× 准时报到，特邀代表请于下午 × 时在 ×× 准时出席。

五、其他事项

……

特此通知。

注：代表分组名单可另附页。

范例 19

××区域（行业）×届×次职工代表大会筹备工作报告

各位代表：

为了建立和完善××区域（行业）民主管理制度和劳动关系协调机制，经××区域（行业）工会与政府有关部门及企业代表组织、企业代表协商，决定建立××区域（行业）职代会制度，并于××××年××月召开×届×次职工代表大会。

经过各方面的努力，目前，××区域（行业）×届×次职工代表大会的筹备工作已经基本就绪，现将筹备工作情况报告如下：

一、制定职工代表大会方案

××区域（行业）工会与政府有关部门及企业代表组织、企业代表，就××区域（行业）×届×次职工代表大会召开的时间、内容等议题在党政工联席会议上进行了协商，并取得一致意见。工会于××××年××月××日下发了召开××区域（行业）×届×次职工代表大会的通知，通知中明确了职代会工作领导小组和代表资格审查小组的组成人员名单，确定了大会主要议题、代表人数、结构比例、名额分配，以及大会主席团、专门委员会（小组）的设立等。

二、推选职工代表

各选区根据召开职工代表大会通知中关于代表条件、代表结构等要求，严格按照民主程序，自下而上、充分酝酿、逐级推荐职工代表候选人，组织召开职工大会，经无记名投票选举产生了××区域（行业）×届×次职工代表大会代表。代表资格审查小组对各选区选举产生的职工代表资格、代表的结构比例、选举是否符合规范进行了审核，代表名单在××月××日的《××××××》上进行了公示。

同时，××区域（行业）工会就大会主席团推荐名单、主席团秘书长、职工代表大会专门委员会（小组）推荐名单等，与政府有关部门及企业代表组织、企业代表进行了协商确认。

三、开展集体协商

××月××日，××区域（行业）工会代表职工和企业组织代表进行了集体协商，形成了《集体合同（草案）》《工资集体协议（草案）》等，将提交本次大会审议通过。

四、起草大会文件

××区域（行业）工会与政府有关部门及企业代表组织、企业代表，共同对提交职工代表大会审议或审议通过的议案（草案）文件进行起草和研究，形成职工代表大会文件材料，并提前7天印发至各选区职工代表手中听取意见。

五、培训职工代表

在各选区推选的×代表中，首次当选的代表×名，占代表总数的×%。为帮助职工代表树立大局意识、代表意识、管理意识、学习意识，进一步了解职工代表大会的职权、运行规则以及职工代表的权利和义务，不断提高职工代表履职能力，确保职工代表大会运行质量，××区域（行业）工会于××月××日对职工代表进行了专题培训。

各位代表，大会的筹备工作，得到了各方面和广大职工的大力支持，保证了大会各项筹备工作的顺利进行。在此，表示衷心的感谢！

××区域（行业）工会委员会

××××年××月××日

范例20

××区域（行业）第×届职工代表大会代表资格审查报告（草案）

各位代表：

根据《上海市职工代表大会条例》和《关于筹备召开××区域（行业）第×届职工代表大会的通知》的要求，××区域（行业）各相关选区按照代表的条件、名额和结构要求，在充分酝酿、广泛听取职工意见的基础上，提出代表候选人，并经所在选区的职工大会选举产生了 ×× 区域（行业）第 × 届职工代表大会代表。×× 区域（行业）第 × 届职工代表大会代表资格审查组，于 ×××× 年 ×× 月 ×× 日召开会议，对各个选区推选的代表进行了资格审查。现将审查结果报告如下：

×× 区域（行业）第 × 届职工代表大会代表共计 ×× 名，其中：一线职工 ×× 名，占代表总数的 ×%（不低于 50%），企业经营管理人员 × 名，占代表总数的 ×%（不得超过 30%），区域（行业）工会负责人、企业代表组织负责人（企业代表）、政府相关职能部门负责人 × 名，占 ×%（一般在 5% 左右）。

在性别比例上，男性代表 × 名，占 ×%，女性代表 × 名，占 ×%。在学历比例上，硕士研究生及以上 × 名，占 ×%，大学本科 × 名，占 ×%，大专 × 名，占 ×%，中专及以下 × 名，占 ×%。在政治面貌比例上，中共党员代表 × 名，占 ×%，民主党派 × 名，占 ×%，无党派人士 × 名，占 ×%。本届职工代表的平均年龄 × 岁，35 岁以下的代表 × 名，占 ×%，36—40 岁的代表 × 名，占 ×%，40—50 岁的代表 × 名，占 ×%，50 岁以上的代表 × 名，占 ×%。新当选的代表 × 名，占 ×%。

综上所述，×× 区域（行业）第 × 届职工代表分布广泛，整体素质较高，比例结构符合《上海市职工代表大会条例》规定和本区域（行业）的实际，代表产生的过程符合规定的民主程序，所有的代表均符合代表条件。因此，×× 名职工代表资格有效。

×× 区域（行业）第 × 届职工代表大会代表资格审查组

×××× 年 ×× 月 ×× 日

范例 21

×× 区域（行业）× 届 × 次职工代表大会
表决办法（草案）

一、根据《上海市职工代表大会条例》《上海市区域性、行业性集体协商、职工代表大会工作规范》及有关规定制定本表决办法。

二、×× 区域（行业）× 届 × 次职工代表大会正式代表有表决权。

三、表决分举手表决和无记名投票表决两种方式。大会对《集体合同》草案等涉及职工切身利益、需要职工代表大会审议通过的议案采用无记名投票方式进行表决；大会对主席团成员名单、大会决议等涉及职工代表大会运作的事项采用举手方式进行表决。

四、在每一项议案的表决中，每位职工代表对“赞成”“反对”“弃权”的三种表决意见只能行使一次权利。

五、参加表决的职工代表人数必须超过应到会人数的三分之二。因故缺席的代表不参加投票，也不能委托投票，大会不设流动票箱。

六、无记名投票表决设总监票人 1 名，监票人 × 名，对发票、投票、点票、计票工作进行全过程监督。

监票人由各代表团（组）推荐，总监票人由大会筹备组提名，提交大会举手表决通过。

七、表决票上应盖有“×× 区域（行业）工会委员会”的印章。

八、无记名投票表决开始时，总监票人和监票人先进行投票，随后主席团成员和职工代表分别按照指定的线路依次投票。

九、投票结束后，当场开启票箱，清点票数。收回的表决票数等于或少于发出的表决票数，表决有效；多于发出的表决票数，表决无效，应重新进行投票表决。

十、计票结束后，由总监票人向大会报告计票结果，由大会主持人宣布表决结果。

十一、表决事项获得应到职工代表人数的半数以上“赞成”方为通过。

十二、本表决办法经 ×× 区域（行业）× 届 × 次职工代表大会表决通过后实施。

范例 22

××区域（行业）×届×次职工代表大会议程（草案）

一、主持人报告本次职工代表大会代表出席情况，确认大会召开有效。

二、审议区域（行业）内企业执行劳动法律法规和政策情况报告，区域（行业）劳动关系状况等事项的报告。

三、审议区域（行业）内企业有关劳动报酬、工作时间、休息休假、劳动安全卫生、保险福利、职工培训，以及劳动定额等直接涉及职工切身利益的重大事项。

四、审议上一轮集体合同履约和上一次职工代表大会决议落实、提案处理等事项的情况报告，确认职工代表大会闭会期间由职工代表大会联席会议处理的有关问题的决定。

五、审议《关于集体合同与工资等专项集体合同（草案）协商情况的说明》。

六、审议通过《集体合同》以及《工资专项集体合同》等专项集体合同。

七、选举产生民主管理专门小组（委员会）成员以及区域（行业）协商确定需要经职工代表大会选举的人员。

八、审议通过大会决议。

九、领导讲话。

范例 23

××区域（行业）×届×次职工代表大会
总监票人、监票人名单（草案）

总监票人：

×××（职务）

监票计票人：
×××（职务）
×××（职务）

范例 24

××区域（行业）××××年度劳动关系状况报告

×××

各位代表：

我就××××年度区域（行业）劳动关系状况向职工代表大会作如下汇报：

一、区域（行业）经济社会发展情况

……

二、区域（行业）内企业规范用工情况

1. 劳动合同签订情况。……
2. 劳动报酬支付及保险福利情况。……
3. 工作时间及休息休假情况。……
4. 劳动安全卫生情况。……
5. 职工技能培训情况。……
6. 企业劳动规章制度制定和执行情况。……
7. 区域（行业）劳动争议处理情况。……

三、上一轮集体合同履约、职工代表大会决议落实情况

……

四、区域（行业）职工代表大会工作机构开展工作情况

……

五、对规范企业劳动用工的对策建议

……

××××年××月××日

范例 25

××区域（行业）×届×次职工代表大会提案处理情况的报告

各位代表：

我现将××区域（行业）×届×次职工代表大会提案处理情况和×届×次职工代表大会提案汇总工作情况汇报如下，请予审议。

×届×次职工代表大会共收到提案××件。经职工代表大会提案审理委员会审理，有××件提案立案（其中××件合并立案）。大会后我们会同提案处理部门逐一进行落实，并将落实情况向大会和提案人一一反馈。××××年××月××日，我们结合集体合同履约和提案落实等情况，组织职工代表进行了中途检查，代表对提案的落实情况进行了评议。表示满意、基本满意的为××%，整体评价良好。对于没有立案而作为意见处理的提案，我们也在适当的时候，将有关部门的处理意见反馈给了提案人。

本次大会共收到代表提案××件，经审查，有××件提案被正式立案，××件提案作为合理化建议处理，××件提案由于某些主客观原因，目前暂时难以立案。本次立案的提案中，涉及社区治理、和谐创建等方面××件，生产经营等方面××件，劳动用工方面××件，服务福利方面××件。大会后，我们将进一步落实提案处理部门，并督促其进一步落实提案要求。对作为合理化建议处理的提案，我们也将会同有关部门进行认真的处置。对于上述已经立案或作合理化建议处理，以及未立案的所有提案，我们都将一一反馈给提案人，并对今年立案的提案，我们将适时组织职工代表巡视检查，推动提案有效落地。

上述情况请各位代表予以审议。

××区域（行业）职工代表大会提案审理委员会

××××年××月××日

范例 26

关于集体合同与工资等专项集体合同（草案）协商情况的说明

×××

各位代表：

区域（行业）工会和企业代表组织（企业代表）根据《中华人民共和国劳动法》《中华人民共和国工会法》《中华人民共和国劳动合同法》《中华人民共和国公司法》《上海市集体合同条例》以及《集体合同规定》《工资集体协商试行办法》，结合本企业的实际情况，于××××年××月××日进行了集体协商，在协商一致的前提下，起草了集体合同与工资等专项集体合同（草案）。现我就集体协商的有关情况进行如下说明：

一、本次集体协商的代表的组成

根据国家和地方的法律法规以及劳动和社会保障部颁发的有关规定，职工方本次集体协商的代表由区域（行业）×届×次职工代表大会选举出来的×××、×××、×××三位担任，区域（行业）工会主席×××为职工方首席代表。按照规定，企业方协商代表由×××、×××、×××三位担任，×××为企业方首席代表。

二、本次集体协商的内容

本次集体协商的主要内容是：1. 集体合同与女职工权益保护、劳动安全卫生、技能提升专项集体合同的有效期；2. 本区域（行业）职工最低工资标准；3. 职工年度平均工资水平及调整幅度；4. 工时工价定额；5. 约定的其他事项；6. 工资专项集体合同的有效期；7. ××××年工资集体协议中不变的内容继续顺延。

三、关于本企业最低工资的协商

上海市职工最低工资保障线在逐年调整，××××年上海市职工最低工资标准为××××元。在本合同履行期间，若市人力资源和社会保障局颁布新的最低工资标准高于本企业最低工资水平，则按高于新标准×%执行。

四、职工年度平均工资水平及其调整幅度的协商

经双方对本区域（行业）×××× 年度企业生产经营状况的分析及预测，一致认为在市场竞争中，受 ×××× 等因素影响，主要经济指标将出现 ×××× 等变化，参照劳动力市场指导价、附近区域（同行业）职工收入情况以及物价上涨、CPI 指数等经济数据，职工收入应随企业经济情况的变化做适当调整。根据 ×××× 年上海市工资增长指导线，结合区域（行业）经济发展的实际情况，企业经济效益达到预定目标时，本年度工资增长幅度为 ×%；企业若遇意外情况致使经济亏损，职工收益也随之下调，下调幅度不超过 ×%。双方协商代表一致认为这样原则性的调整比较切合实际，也体现了职工与企业命运紧密关联、共建共享的原则。

五、关于集体合同的有效期

经工会和企业双方协商代表商定，集体合同、女职工权益保障专项集体合同、劳动安全卫生专项集体合同、技能提升专项集体合同的有效期与上一期相衔接，有效期三年，即从 ×××× 年 ×× 月 ×× 日起至 ×××× 年 ×× 月 ×× 日止；工资专项集体合同的有效期一年，即从 ×××× 年 ×× 月 ×× 日起至 ×××× 年 ×× 月 ×× 日止。

合同其他条款均未作变更，不再作详细说明。

各位代表：集体合同关系到职工的切身利益，工资关系到职工的生计，也关系到企业的发展；进行集体协商，是维护职工与企业双方的合法权益的重要举措，是工会代表职工与企业在发展过程中调整双方的利益，找准新的平衡点，调动广大职工生产积极性的有效途径，也是维护区域（行业）和谐稳定的劳动关系最重要、最直接的环节。集体协商，也需要职工代表积极参与、充分理解、广泛宣传。我们期望通过规范集体协商、职工代表大会审议通过的民主合法行为，保障劳动关系双方的合法权益，促进劳动关系的和谐稳定，推进企业的科学发展。

希望职工代表们缜密考虑，认真审议好集体合同与工资等专项集体合同。

特此说明。

×××× 年 ×× 月 ×× 日

范例 27

××区域（行业）×届×次职工代表大会决议

××区域（行业）×届×次职工代表大会于××××年××月××日在××召开。本次大会应到职工代表×人，实到职工代表×人，应到列席代表×人，实到列席代表×人。

与会代表听取了关于区域（行业）内企业执行劳动法律法规和政策、区域（行业）劳动关系状况等事项、上一轮集体合同履约和上一次职工代表大会决议落实、提案处理等事项的情况报告，以及本次集体协商情况和集体合同及专项集体合同草案内容的说明，审议了区域（行业）内企业有关劳动报酬、工作时间、休息休假、劳动安全卫生、保险福利、职工培训，以及劳动定额等直接涉及职工切身利益的重大事项。

经与会代表认真讨论审议和无记名投票表决，以×票同意，×票反对，×票弃权通过了《集体合同》；以×票同意，×票反对，×票弃权通过了《工资专项集体合同》；以×票同意，×票反对，×票弃权通过了《女职工权益保障专项集体合同》；以×票同意，×票反对，×票弃权通过了《劳动安全卫生专项集体合同》；以×票同意，×票反对，×票弃权通过了《职业技能提升专项集体合同》；以×票同意，×票反对，×票弃权通过了《共同约定集体合同》；以×票同意，×票反对，×票弃权通过了《民主管理专门小组（委员会）成员名单》。

大会全面地总结了区域（行业）××××年的工作，明确地提出××××年的工作目标和保证目标实现的具体措施。在过去的一年中，在政府有关部门的支持下，区域（行业）内劳动关系状况……区域（行业）内企业在规范劳动用工方面……区域（行业）工会和企业在履行《集体合同》、各专项集体合同、共同约定和落实各项职工代表大会决议方面……职工代表和职代会民主管理专门小组（委员会）在履职方面……。

大会号召全体职工……。

××区域（行业）×届×次职工代表大会
××××年××月××日

范例 28

×× 区域（行业）职工代表大会决议公告

区域（行业）所属企业和全体职工：

本区域（行业）于 ×××× 年 ×× 月 ×× 日召开了 × 届 × 次职工代表大会，审议通过了《××××××》事项，自 ×××× 年 ×× 月 ×× 日起生效，现予公布。

×× 区域（行业）工会

×××× 年 ×× 月 ×× 日

范例 29

×× 区域（行业）× 届 × 次
职工代表大会投票表决核对人数报告单

大会主持人：

这次大会应到代表 × 人，因病、因事请假缺席的代表 × 人，实到代表 × 人。出席人数超过应到人数的三分之二，可以进行投票表决。

总监票人：×××

监票人：×××、×××

×××× 年 ×× 月 ×× 日

范例 30

×× 区域（行业）× 届 × 次
职工代表大会领取分发表决票报告单

各位代表：

今天大会应到的代表 × 人，因病、因事请假缺席 × 人，实到代表 × 人。领取《×××××× 表决票》× 张，发出 × 张。领取和发出的表决票数与实到人数相符。

特此报告。

总监票人：×××

监票人：×××、×××

×××× 年 ×× 月 ×× 日

范例 31

×× 区域（行业）× 届 × 次
职工代表大会收回表决票报告单

各位代表：

经清点，收回《×××××× 表决票》× 张。收回的表决票数和发出的表决票数相符，表决有效。

特此报告。

总监票人：×××

监票人：×××、×××

×××× 年 ×× 月 ×× 日

范例 32

×× 区域（行业）× 届 × 次
职工代表大会计票结果报告

大会主持人：

今天投票大会应到代表 × 人，因病、因事请假缺席 × 人，实到代表 × 人。发出《×××××× 表决票》× 张，收回 × 张，其中有效票 × 张，无效票 × 张。计票结果如下：

赞成票 × 张，反对票 × 张，弃权票 × 张。

总监票人：×××

监票人：×××、×××

×××× 年 ×× 月 ×× 日

范例 33

×× 区域（行业）× 届 × 次
职工代表大会表决结果报告单

各位代表：

根据总监票人报告，现在我宣布：

《××××××》通过。

总监票人：×××

监票人：×××、×××

×××× 年 ×× 月 ×× 日

范例 34

×× 区域（行业）× 届 × 次职工代表大会 表决结果统计表

×× 区域（行业）× 届 × 次职工代表大会应参加表决职工代表 × 人，实际参加表决代表 × 人。发出表决票 × 张，收回表决票 × 张，其中有效票 × 张，废票 × 张。

经统计：

文件名称	同意	不同意	弃权
集体合同			
工资专项集体合同			
女职工权益保障专项集体合同			
劳动安全卫生专项集体合同			
×× 区域（行业）劳动规章制度			
……			
……			

总监票人（签字）：×××

监 票 人（签字）：×××、×××

×××× 年 ×× 月 ×× 日

第四部分

相关法律法规和政策文件

中华人民共和国工会法（摘录）

（1992年4月3日第七届全国人民代表大会第五次会议通过 根据2001年10月27日第九届全国人民代表大会常务委员会第二十四次会议《关于修改〈中华人民共和国工会法〉的决定》第一次修正 根据2009年8月27日第十一届全国人民代表大会常务委员会第十次会议《关于修改部分法律的决定》第二次修正）

第六条 维护职工合法权益是工会的基本职责。工会在维护全国人民总体利益的同时，代表和维护职工的合法权益。

工会通过平等协商和集体合同制度，协调劳动关系，维护企业职工劳动权益。

工会依照法律规定通过职工代表大会或者其他形式，组织职工参与本单位的民主决策、民主管理和民主监督。

工会必须密切联系职工，听取和反映职工的意见和要求，关心职工的生活，帮助职工解决困难，全心全意为职工服务。

第二十条 工会帮助、指导职工与企业以及实行企业化管理的事业单位签订劳动合同。

工会代表职工与企业以及实行企业化管理的事业单位进行平等协商，签订集体合同。集体合同草案应当提交职工代表大会或者全体职工讨论通过。

工会签订集体合同，上级工会应当给予支持和帮助。

企业违反集体合同，侵犯职工劳动权益的，工会可以依法要求企业承担责任；因履行集体合同发生争议，经协商解决不成的，工会可以向劳动争议仲裁机构提请仲裁，仲裁机构不予受理或者对仲裁裁决不服的，可以向人民法院提起诉讼。

第二十七条 企业、事业单位发生停工、怠工事件，工会应当代表职工同企业、事业单位或者有关方面协商，反映职工的意见和要求并提出解决意见。对于职工的合理要求，企业、事业单位应当予以解决。工会协助企业、事业单位做好工作，尽快恢复生产、工作秩序。

中华人民共和国劳动法（摘录）

（1994年7月5日第八届全国人民代表大会常务委员会第八次会议通过　根据2009年8月27日第十一届全国人民代表大会常务委员会第十次会议《关于修改部分法律的决定》第一次修正　根据2018年12月29日第十三届全国人民代表大会常务委员会第七次会议《关于修改〈中华人民共和国劳动法〉等七部法律的决定》第二次修正）

第三十三条　企业职工一方与企业可以就劳动报酬、工作时间、休息休假、劳动安全卫生、保险福利等事项，签订集体合同。集体合同草案应当提交职工代表大会或者全体职工讨论通过。

集体合同由工会代表职工与企业签订；没有建立工会的企业，由职工推举的代表与企业签订。

第三十四条　集体合同签订后应当报送劳动行政部门；劳动行政部门自收到集体合同文本之日起十五日内未提出异议的，集体合同即行生效。

第三十五条　依法签订的集体合同对企业和企业全体职工具有约束力。职工个人与企业订立的劳动合同中劳动条件和劳动报酬等标准不得低于集体合同的规定。

第八十四条　因签订集体合同发生争议，当事人协商解决不成的，当地人民政府劳动行政部门可以组织有关各方协调处理。

因履行集体合同发生争议，当事人协商解决不成的，可以向劳动争议仲裁委员会申请仲裁；对仲裁裁决不服的，可以自收到仲裁裁决书之日起十五日内向人民法院提起诉讼。

中华人民共和国劳动合同法（摘录）

（2007 年 6 月 29 日第十届全国人民代表大会常务委员会第二十八次会议通过　根据 2012 年 12 月 28 日第十一届全国人民代表大会常务委员会第三十次会议《关于修改〈中华人民共和国劳动合同法〉的决定》修正）

第四条　用人单位应当依法建立和完善劳动规章制度，保障劳动者享有劳动权利、履行劳动义务。

用人单位在制定、修改或者决定有关劳动报酬、工作时间、休息休假、劳动安全卫生、保险福利、职工培训、劳动纪律以及劳动定额管理等直接涉及劳动者切身利益的规章制度或者重大事项时，应当经职工代表大会或者全体职工讨论，提出方案和意见，与工会或者职工代表平等协商确定。

在规章制度和重大事项决定实施过程中，工会或者职工认为不适当的，有权向用人单位提出，通过协商予以修改完善。

用人单位应当将直接涉及劳动者切身利益的规章制度和重大事项决定公示，或者告知劳动者。

第六条　工会应当帮助、指导劳动者与用人单位依法订立和履行劳动合同，并与用人单位建立集体协商机制，维护劳动者的合法权益。

第五十一条　企业职工一方与用人单位通过平等协商，可以就劳动报酬、工作时间、休息休假、劳动安全卫生、保险福利等事项订立集体合同。集体合同草案应当提交职工代表大会或者全体职工讨论通过。

集体合同由工会代表企业职工一方与用人单位订立；尚未建立工会的用人单位，由上级工会指导劳动者推举的代表与用人单位订立。

第五十二条　企业职工一方与用人单位可以订立劳动安全卫生、女职工权益保护、工资调整机制等专项集体合同。

第五十三条　在县级以下区域内，建筑业、采矿业、餐饮服务业等行业可以由工会与企业方面代表订立行业性集体合同，或者订立区域性集体合同。

第五十四条　集体合同订立后，应当报送劳动行政部门；劳动行政部门自收到集体合同文本之日起十五日内未提出异议的，集体合同即行生效。

依法订立的集体合同对用人单位和劳动者具有约束力。行业性、区域性集体合同对当地本行业、本区域的用人单位和劳动者具有约束力。

第五十五条　集体合同中劳动报酬和劳动条件等标准不得低于当地人民政府规定的最低标准；用人单位与劳动者订立的劳动合同中劳动报酬和劳动条件等标准不得低于集体合同规定的标准。

第五十六条　用人单位违反集体合同，侵犯职工劳动权益的，工会可以依法要求用人单位承担责任；因履行集体合同发生争议，经协商解决不成的，工会可以依法申请仲裁、提起诉讼。

中共中央
关于加强社会主义协商民主建设的意见（摘录）

（2015 年 2 月 9 日）

八、稳步推进基层协商

……

（23）推进企事业单位的协商。健全以职工代表大会为基本形式的企事业单位民主管理制度。畅通职工表达合理诉求渠道，健全各层级职工沟通协商机制。积极推动由工会代表职工与企业就调整和规范劳动关系等重要决策事项进行集体协商。逐步完善以劳动行政部门、工会组织、企业组织为代表的劳动关系三方协商机制。

探索开展社会组织协商。坚持党的领导和政府依法管理，健全与相关社会组织联系的工作机制和沟通渠道，引导社会组织有序开展协商，更好为社会服务。

中共中央　国务院
关于构建和谐劳动关系的意见（摘录）

（中发〔2015〕10号　2015年3月21日）

四、健全劳动关系协调机制

……

（九）推行集体协商和集体合同制度。以非公有制企业为重点对象，依法推进工资集体协商，不断扩大覆盖面、增强实效性，形成反映人力资源市场供求关系和企业经济效益的工资决定机制和正常增长机制。完善工资指导线制度，加快建立统一规范的企业薪酬调查和信息发布制度，为开展工资集体协商提供参考。推动企业与职工就工作条件、劳动定额、女职工特殊保护等开展集体协商，订立集体合同。加强集体协商代表能力建设，提高协商水平。加强对集体协商过程的指导，督促企业和职工认真履行集体合同。

工资集体协商试行办法

（2000年11月8日中华人民共和国劳动和社会保障部令第9号公布）

第一章　总　则

第一条　为规范工资集体协商和签订工资集体协议（以下简称工资协议）的行为，保障劳动关系双方的合法权益，促进劳动关系的和谐稳定，依据《中华人民共和国劳动法》和国家有关规定，制定本办法。

第二条　中华人民共和国境内的企业依法开展工资集体协商，签订工资协议，适用本办法。

第三条　本办法所称工资集体协商，是指职工代表与企业代表依法就企业内部工资分配制度、工资分配形式、工资收入水平等事项进行平等协商，在协商一致的基础上签订工资协议的行为。

本办法所称工资协议，是指专门就工资事项签订的专项集体合同。已订立集体合同的，工资协议作为集体合同的附件，并与集体合同具有同等效力。

第四条　依法订立的工资协议对企业和职工双方具有同等约束力。双方必须全面履行工资协议规定的义务，任何一方不得擅自变更或解除工资协议。

第五条　职工个人与企业订立的劳动合同中关于工资报酬的标准，不得低于工资协议规定的最低标准。

第六条　县级以上劳动保障行政部门依法对工资协议进行审查，对协议的履行情况进行监督检查。

第二章　工资集体协商内容

第七条　工资集体协商一般包括以下内容：

（一）工资协议的期限；

（二）工资分配制度、工资标准和工资分配形式；

（三）职工年度平均工资水平及其调整幅度；

（四）奖金、津贴、补贴等分配办法；

（五）工资支付办法；

（六）变更、解除工资协议的程序；

（七）工资协议的终止条件；

（八）工资协议的违约责任；

（九）双方认为应当协商约定的其他事项。

第八条　协商确定职工年度工资水平应符合国家有关工资分配的宏观调控政策，并综合参考下列因素：

（一）地区、行业、企业的人工成本水平；

（二）地区、行业的职工平均工资水平；

（三）当地政府发布的工资指导线、劳动力市场工资指导价位；

（四）本地区城镇居民消费价格指数；

（五）企业劳动生产率和经济效益；

（六）国有资产保值增值；

（七）上年度企业职工工资总额和职工平均工资水平；

（八）其他与工资集体协商有关的情况。

第三章　工资集体协商代表

第九条　工资集体协商代表应依照法定程序产生。职工一方由工会代表。未建工会的企业由职工民主推举代表，并得到半数以上职工的同意。企业代表由法定代表人和法定代表人指定的其他人员担任。

第十条　协商双方各确定一名首席代表。职工首席代表应当由工会主席担任，工会主席可以书面委托其他人员作为自己的代理人；未成立工会的，由职工集体协商代表推举。企业首席代表应当由法定代表人担任，法定代表人可以书面委托其他管理人员作为自己的代理人。

第十一条　协商双方的首席代表在工资集体协商期间轮流担任协商会议执行主席。协商会议执行主席的主要职责是负责工资集体协商有关组织协调工作，并对协商过程中发生的问题提出处理建议。

第十二条　协商双方可书面委托本企业以外的专业人士作为本方协商代表。委托人数不得超过本方代表的三分之一。

第十三条　协商双方享有平等的建议权、否决权和陈述权。

第十四条　由企业内部产生的协商代表参加工资集体协商的活动应视为提供正常劳动，享受的工资、奖金、津贴、补贴、保险福利待遇不变。其中，职工协商代表的合法权益受法律保护。企业不得对职工协商代表采取歧视性行为，不得违法解除或变更其劳动合同。

第十五条　协商代表应遵守双方确定的协商规则，履行代表职责，并负有保守企业商业秘密的责任。协商代表任何一方不得采取过激、威胁、收买、欺骗等行为。

第十六条　协商代表应了解和掌握工资分配的有关情况，广泛征求各方面的意见，接受本方人员对工资集体协商有关问题的质询。

第四章 工资集体协商程序

第十七条 职工和企业任何一方均可提出进行工资集体协商的要求。工资集体协商的提出方应向另一方提出书面的协商意向书，明确协商的时间、地点、内容等。另一方接到协商意向书后，应于20日内予以书面答复，并与提出方共同进行工资集体协商。

第十八条 在不违反有关法律、法规的前提下，协商双方有义务按照对方要求，在协商开始前5日内，提供与工资集体协商有关的真实情况和资料。

第十九条 工资协议草案应提交职工代表大会或职工大会讨论审议。

第二十条 工资集体协商双方达成一致意见后，由企业行政方制作工资协议文本。工资协议经双方首席代表签字盖章后成立。

第五章 工资协议审查

第二十一条 工资协议签订后，应于7日内由企业将工资协议一式三份及说明，报送劳动保障行政部门审查。

第二十二条 劳动保障行政部门应在收到工资协议15日内，对工资集体协商双方代表资格、工资协议的条款内容和签订程序等进行审查。

劳动保障行政部门经审查对工资协议无异议，应及时向协商双方送达《工资协议审查意见书》，工资协议即行生效。

劳动保障行政部门对工资协议有修改意见，应将修改意见在《工资协议审查意见书》中通知协商双方。双方应就修改意见及时协商，修改工资协议，并重新报送劳动保障行政部门。

工资协议向劳动保障行政部门报送经过15日后，协议双方未收到劳动保障行政部门的《工资协议审查意见书》，视为已经劳动保障行政部门同意，该工资协议即行生效。

第二十三条 协商双方应于5日内将已经生效的工资协议以适当形式向本方全体人员公布。

第二十四条 工资集体协商一般情况下一年进行一次。职工和企业双方均可在原工资协议期满前60日内，向对方书面提出协商意向书，进行下一轮的工资集体协商，做好新旧工资协议的相互衔接。

第六章　附　则

第二十五条　本办法对工资集体协商和工资协议的有关内容未做规定的，按《集体合同规定》的有关规定执行。

第二十六条　本办法自发布之日起施行。

集体合同规定

（2004 年 1 月 20 日中华人民共和国劳动和社会保障部令第 22 号公布）

第一章　总　则

第一条　为规范集体协商和签订集体合同行为，依法维护劳动者和用人单位的合法权益，根据《中华人民共和国劳动法》和《中华人民共和国工会法》，制定本规定。

第二条　中华人民共和国境内的企业和实行企业化管理的事业单位（以下统称用人单位）与本单位职工之间进行集体协商，签订集体合同，适用本规定。

第三条　本规定所称集体合同，是指用人单位与本单位职工根据法律、法规、规章的规定，就劳动报酬、工作时间、休息休假、劳动安全卫生、职业培训、保险福利等事项，通过集体协商签订的书面协议；所称专项集体合同，是指用人单位与本单位职工根据法律、法规、规章的规定，就集体协商的某项内容签订的专项书面协议。

第四条　用人单位与本单位职工签订集体合同或专项集体合同，以及确定相关事宜，应当采取集体协商的方式。集体协商主要采取协商会议的形式。

第五条　进行集体协商，签订集体合同或专项集体合同，应当遵循下列原则：

（一）遵守法律、法规、规章及国家有关规定；

（二）相互尊重，平等协商；

（三）诚实守信，公平合作；

（四）兼顾双方合法权益；

（五）不得采取过激行为。

第六条　符合本规定的集体合同或专项集体合同，对用人单位和本单位的全体职工具有法律约束力。

用人单位与职工个人签订的劳动合同约定的劳动条件和劳动报酬等标准，不得低于集体合同或专项集体合同的规定。

第七条　县级以上劳动保障行政部门对本行政区域内用人单位与本单位职工开展集体协商、签订、履行集体合同的情况进行监督，并负责审查集体合同或专项集体合同。

第二章　集体协商内容

第八条　集体协商双方可以就下列多项或某项内容进行集体协商，签订集体合同或专项集体合同：

（一）劳动报酬；

（二）工作时间；

（三）休息休假；

（四）劳动安全与卫生；

（五）补充保险和福利；

（六）女职工和未成年工特殊保护；

（七）职业技能培训；

（八）劳动合同管理；

（九）奖惩；

（十）裁员；

（十一）集体合同期限；

（十二）变更、解除集体合同的程序；

（十三）履行集体合同发生争议时的协商处理办法；

（十四）违反集体合同的责任；

（十五）双方认为应当协商的其他内容。

第九条　劳动报酬主要包括：

（一）用人单位工资水平、工资分配制度、工资标准和工资分配形式；
（二）工资支付办法；
（三）加班、加点工资及津贴、补贴标准和奖金分配办法；
（四）工资调整办法；
（五）试用期及病、事假等期间的工资待遇；
（六）特殊情况下职工工资（生活费）支付办法；
（七）其他劳动报酬分配办法。
第十条　工作时间主要包括：
（一）工时制度；
（二）加班加点办法；
（三）特殊工种的工作时间；
（四）劳动定额标准。
第十一条　休息休假主要包括：
（一）日休息时间、周休息日安排、年休假办法；
（二）不能实行标准工时职工的休息休假；
（三）其他假期。
第十二条　劳动安全卫生主要包括：
（一）劳动安全卫生责任制；
（二）劳动条件和安全技术措施；
（三）安全操作规程；
（四）劳保用品发放标准；
（五）定期健康检查和职业健康体检。
第十三条　补充保险和福利主要包括：
（一）补充保险的种类、范围；
（二）基本福利制度和福利设施；
（三）医疗期延长及其待遇；
（四）职工亲属福利制度。
第十四条　女职工和未成年工的特殊保护主要包括：
（一）女职工和未成年工禁忌从事的劳动；
（二）女职工的经期、孕期、产期和哺乳期的劳动保护；

（三）女职工、未成年工定期健康检查；

（四）未成年工的使用和登记制度。

第十五条　职业技能培训主要包括：

（一）职业技能培训项目规划及年度计划；

（二）职业技能培训费用的提取和使用；

（三）保障和改善职业技能培训的措施。

第十六条　劳动合同管理主要包括：

（一）劳动合同签订时间；

（二）确定劳动合同期限的条件；

（三）劳动合同变更、解除、续订的一般原则及无固定期限劳动合同的终止条件；

（四）试用期的条件和期限。

第十七条　奖惩主要包括：

（一）劳动纪律；

（二）考核奖惩制度；

（三）奖惩程序。

第十八条　裁员主要包括：

（一）裁员的方案；

（二）裁员的程序；

（三）裁员的实施办法和补偿标准。

第三章　集体协商代表

第十九条　本规定所称集体协商代表（以下统称协商代表），是指按照法定程序产生并有权代表本方利益进行集体协商的人员。

集体协商双方的代表人数应当对等，每方至少 3 人，并各确定 1 名首席代表。

第二十条　职工一方的协商代表由本单位工会选派。未建立工会的，由本单位职工民主推荐，并经本单位半数以上职工同意。

职工一方的首席代表由本单位工会主席担任。工会主席可以书面委托其他协商代表代理首席代表。工会主席空缺的，首席代表由工会主要负责人担任。未建立工会的，职工一方的首席代表从协商代表中民主推举产生。

第二十一条　用人单位一方的协商代表，由用人单位法定代表人指派，首席代表由单位法定代表人担任或由其书面委托的其他管理人员担任。

第二十二条　协商代表履行职责的期限由被代表方确定。

第二十三条　集体协商双方首席代表可以书面委托本单位以外的专业人员作为本方协商代表。委托人数不得超过本方代表的1/3。首席代表不得由非本单位人员代理。

第二十四条　用人单位协商代表与职工协商代表不得相互兼任。

第二十五条　协商代表应履行下列职责：

（一）参加集体协商；

（二）接受本方人员质询，及时向本方人员公布协商情况并征求意见；

（三）提供与集体协商有关的情况和资料；

（四）代表本方参加集体协商争议的处理；

（五）监督集体合同或专项集体合同的履行；

（六）法律、法规和规章规定的其他职责。

第二十六条　协商代表应当维护本单位正常的生产、工作秩序，不得采取威胁、收买、欺骗等行为。

协商代表应当保守在集体协商过程中知悉的用人单位的商业秘密。

第二十七条　企业内部的协商代表参加集体协商视为提供了正常劳动。

第二十八条　职工一方协商代表在其履行协商代表职责期间劳动合同期满的，劳动合同期限自动延长至完成履行协商代表职责之时，除出现下列情形之一的，用人单位不得与其解除劳动合同：

（一）严重违反劳动纪律或用人单位依法制定的规章制度的；

（二）严重失职、营私舞弊，对用人单位利益造成重大损害的；

（三）被依法追究刑事责任的。

职工一方协商代表履行协商代表职责期间，用人单位无正当理由不得调整其工作岗位。

第二十九条　职工一方协商代表就本规定第二十七条、第二十八条的规定与用人单位发生争议的，可以向当地劳动争议仲裁委员会申请仲裁。

第三十条　工会可以更换职工一方协商代表；未建立工会的，经本单位半数以上职工同意可以更换职工一方协商代表。

用人单位法定代表人可以更换用人单位一方协商代表。

第三十一条　协商代表因更换、辞任或遇有不可抗力等情形造成空缺的，应在空缺之日起 15 日内按照本规定产生新的代表。

第四章　集体协商程序

第三十二条　集体协商任何一方均可就签订集体合同或专项集体合同以及相关事宜，以书面形式向对方提出进行集体协商的要求。

一方提出进行集体协商要求的，另一方应当在收到集体协商要求之日起 20 日内以书面形式给以回应，无正当理由不得拒绝进行集体协商。

第三十三条　协商代表在协商前应进行下列准备工作：

（一）熟悉与集体协商内容有关的法律、法规、规章和制度；

（二）了解与集体协商内容有关的情况和资料，收集用人单位和职工对协商意向所持的意见；

（三）拟定集体协商议题，集体协商议题可由提出协商一方起草，也可由双方指派代表共同起草；

（四）确定集体协商的时间、地点等事项；

（五）共同确定一名非协商代表担任集体协商记录员。记录员应保持中立、公正，并为集体协商双方保密。

第三十四条　集体协商会议由双方首席代表轮流主持，并按下列程序进行：

（一）宣布议程和会议纪律；

（二）一方首席代表提出协商的具体内容和要求，另一方首席代表就对方的要求作出回应；

（三）协商双方就商谈事项发表各自意见，开展充分讨论；

（四）双方首席代表归纳意见。达成一致的，应当形成集体合同草案或专项集体合同草案，由双方首席代表签字。

第三十五条　集体协商未达成一致意见或出现事先未预料的问题时，经双方协商，可以中止协商。中止期限及下次协商时间、地点、内容由双方商定。

第五章　集体合同的订立、变更、解除和终止

第三十六条　经双方协商代表协商一致的集体合同草案或专项集体合同

草案应当提交职工代表大会或者全体职工讨论。

职工代表大会或者全体职工讨论集体合同草案或专项集体合同草案，应当有 2/3 以上职工代表或者职工出席，且须经全体职工代表半数以上或者全体职工半数以上同意，集体合同草案或专项集体合同草案方获通过。

第三十七条　集体合同草案或专项集体合同草案经职工代表大会或者职工大会通过后，由集体协商双方首席代表签字。

第三十八条　集体合同或专项集体合同期限一般为 1 至 3 年，期满或双方约定的终止条件出现，即行终止。

集体合同或专项集体合同期满前 3 个月内，任何一方均可向对方提出重新签订或续订的要求。

第三十九条　双方协商代表协商一致，可以变更或解除集体合同或专项集体合同。

第四十条　有下列情形之一的，可以变更或解除集体合同或专项集体合同：

（一）用人单位因被兼并、解散、破产等原因，致使集体合同或专项集体合同无法履行的；

（二）因不可抗力等原因致使集体合同或专项集体合同无法履行或部分无法履行的；

（三）集体合同或专项集体合同约定的变更或解除条件出现的；

（四）法律、法规、规章规定的其他情形。

第四十一条　变更或解除集体合同或专项集体合同适用本规定的集体协商程序。

第六章　集体合同审查

第四十二条　集体合同或专项集体合同签订或变更后，应当自双方首席代表签字之日起 10 日内，由用人单位一方将文本一式三份报送劳动保障行政部门审查。

劳动保障行政部门对报送的集体合同或专项集体合同应当办理登记手续。

第四十三条　集体合同或专项集体合同审查实行属地管辖，具体管辖范围由省级劳动保障行政部门规定。

中央管辖的企业以及跨省、自治区、直辖市的用人单位的集体合同应当报送劳动保障部或劳动保障部指定的省级劳动保障行政部门。

第四十四条 劳动保障行政部门应当对报送的集体合同或专项集体合同的下列事项进行合法性审查：

（一）集体协商双方的主体资格是否符合法律、法规和规章规定；

（二）集体协商程序是否违反法律、法规、规章规定；

（三）集体合同或专项集体合同内容是否与国家规定相抵触。

第四十五条 劳动保障行政部门对集体合同或专项集体合同有异议的，应当自收到文本之日起 15 日内将《审查意见书》送达双方协商代表。《审查意见书》应当载明以下内容：

（一）集体合同或专项集体合同当事人双方的名称、地址；

（二）劳动保障行政部门收到集体合同或专项集体合同的时间；

（三）审查意见；

（四）作出审查意见的时间。

《审查意见书》应当加盖劳动保障行政部门印章。

第四十六条 用人单位与本单位职工就劳动保障行政部门提出异议的事项经集体协商重新签订集体合同或专项集体合同的，用人单位一方应当根据本规定第四十二条的规定将文本报送劳动保障行政部门审查。

第四十七条 劳动保障行政部门自收到文本之日起 15 日内未提出异议的，集体合同或专项集体合同即行生效。

第四十八条 生效的集体合同或专项集体合同，应当自其生效之日起由协商代表及时以适当的形式向本方全体人员公布。

第七章 集体协商争议的协调处理

第四十九条 集体协商过程中发生争议，双方当事人不能协商解决的，当事人一方或双方可以书面向劳动保障行政部门提出协调处理申请；未提出申请的，劳动保障行政部门认为必要时也可以进行协调处理。

第五十条 劳动保障行政部门应当组织同级工会和企业组织等三方面的人员，共同协调处理集体协商争议。

第五十一条 集体协商争议处理实行属地管辖，具体管辖范围由省级劳动保障行政部门规定。

中央管辖的企业以及跨省、自治区、直辖市用人单位因集体协商发生的争议，由劳动保障部指定的省级劳动保障行政部门组织同级工会和企业组织等三方面的人员协调处理，必要时，劳动保障部也可以组织有关方面协调处理。

第五十二条 协调处理集体协商争议，应当自受理协调处理申请之日起30日内结束协调处理工作。期满未结束的，可以适当延长协调期限，但延长期限不得超过15日。

第五十三条 协调处理集体协商争议应当按照以下程序进行：

（一）受理协调处理申请；

（二）调查了解争议的情况；

（三）研究制定协调处理争议的方案；

（四）对争议进行协调处理；

（五）制作《协调处理协议书》。

第五十四条 《协调处理协议书》应当载明协调处理申请、争议的事实和协调结果，双方当事人就某些协商事项不能达成一致的，应将继续协商的有关事项予以载明。《协调处理协议书》由集体协商争议协调处理人员和争议双方首席代表签字盖章后生效。争议双方均应遵守生效后的《协调处理协议书》。

第八章 附 则

第五十五条 因履行集体合同发生的争议，当事人协商解决不成的，可以依法向劳动争议仲裁委员会申请仲裁。

第五十六条 用人单位无正当理由拒绝工会或职工代表提出的集体协商要求的，按照《工会法》及有关法律、法规的规定处理。

第五十七条 本规定于2004年5月1日起实施。原劳动部1994年12月5日颁布的《集体合同规定》同时废止。

上海市集体合同条例

（2007 年 8 月 16 日上海市第十二届人民代表大会常务委员会第三十八次会议通过 根据 2015 年 6 月 18 日上海市第十四届人民代表大会常务委员会第二十一次会议《关于修改〈上海市集体合同条例〉的决定》修正）

第一章 总 则

第一条 为了规范集体协商和签订、履行集体合同的行为，保护劳动者的合法权益，构建和发展和谐稳定的劳动关系，根据《中华人民共和国劳动法》《中华人民共和国劳动合同法》和《中华人民共和国工会法》等法律、行政法规的有关规定，结合本市实际，制定本条例。

第二条 本市行政区域内的企业与职工一方就劳动关系有关事项进行集体协商和签订、履行集体合同，适用本条例。

第三条 本条例所称的集体协商，是指企业职工一方与企业就劳动关系有关事项进行平等协商的活动。

本条例所称的集体合同，是指企业职工一方与企业就劳动关系有关事项，通过集体协商签订的书面协议。

第四条 企业与职工一方应当建立集体协商机制，就劳动关系有关事项进行集体协商。

企业职工一方与企业就劳动关系有关事项进行集体协商和签订、履行集体合同应当遵循合法、公正、平等、相互尊重、诚实守信、兼顾双方合法利益的原则。

第五条 市和区、县人力资源社会保障行政管理部门（以下简称人力资源社会保障部门）对本行政区域内的企业职工一方与企业就劳动关系有关事项进行集体协商和签订、履行集体合同进行监督。

第二章　集体协商

第六条　企业职工一方与企业就劳动关系有关事项进行集体协商，应当按照本条例规定的程序产生各自的协商代表和首席代表。协商代表具体人数由双方协商确定，但每方协商代表人数不得少于三人，企业一方的协商代表不得多于职工一方的协商代表。

第七条　已经建立工会的企业，职工一方的协商代表由本企业工会选派，建立女职工委员会的，应当有女性协商代表。首席代表由工会主要负责人担任。

尚未建立工会的企业，职工一方的协商代表由上级工会指导职工民主推荐，并经本企业半数以上职工同意，首席代表由协商代表民主推荐产生。

企业一方的协商代表由企业法定代表人指派，首席代表由法定代表人或者其书面委托的人担任。

集体协商双方根据实际需要可以聘请本企业以外的专业人员担任本方协商代表，但其人数不得超过本方协商代表人数的三分之一。

集体协商双方可以更换本方的协商代表。更换协商代表，应当遵守本条例规定的代表产生程序。

第八条　协商代表履行代表职责的期限，由被代表方确定，但最长至集体合同期满时为止；因集体协商达不成一致或者未能签订集体合同的，协商代表履行代表职责的期限为自担任协商代表起六个月。

第九条　协商代表应当履行下列职责：

（一）参加集体协商；

（二）搜集与集体协商有关的情况和资料；

（三）听取本方人员的意见，回答本方人员的询问；

（四）参加集体协商争议的处理；

（五）其他需要履行的集体协商职责。

第十条　本企业产生的协商代表在工作时间内参加集体协商，以及在履职期限内利用不超过三个工作日的工作时间，从事搜集与集体协商有关资料等活动，视为提供了正常劳动，工资及各项福利不受影响。

职工一方的协商代表在履行代表职责期间，企业无正当理由不得变更其工作岗位。

第十一条　协商代表应当履行下列义务：

（一）维护企业正常的生产、工作秩序；

（二）保守在集体协商过程中知悉的企业的商业秘密；

（三）遵守集体协商双方约定的纪律，不散布协商过程中不宜外传的信息。

第十二条　企业在制定、修改或者决定下列直接涉及职工切身利益的规章制度或者重大事项时，应当与本企业职工一方进行集体协商后确定：

（一）劳动报酬；

（二）工作时间；

（三）休息休假；

（四）劳动安全卫生；

（五）保险福利；

（六）职工培训；

（七）劳动纪律；

（八）劳动定额；

（九）法律法规规定的其他内容。

企业应当就职工工资水平、工资调整机制与本企业职工一方进行集体协商。

企业职工一方可以就涉及职工利益的事项要求企业与其进行集体协商。

第十三条　工资集体协商一般包括下列内容：

（一）工资分配制度、工资标准、工资分配形式和工资支付办法；

（二）职工年度平均工资水平的调整幅度；

（三）奖金、津贴、补贴等分配办法；

（四）加班工资以及试用期、病假、事假等期间的工资待遇；

（五）双方认为应当协商的其他工资事项。

第十四条　工资集体协商可以参考下列因素：

（一）企业劳动生产率和经济效益；

（二）企业上年度职工工资总额和平均工资水平；

（三）企业及行业的人工成本水平；

（四）全市及行业的职工平均工资水平；

（五）企业工资增长指导线和劳动力市场工资指导价位；

（六）最低工资标准；

（七）城镇居民消费价格指数；

（八）与工资集体协商有关的其他因素。

第十五条　集体协商双方的任何一方均可以向对方以书面形式提出进行集体协商的建议。另一方在收到集体协商建议书之日起十五日内应当给予书面答复，拒绝集体协商的，应当有正当的理由。

集体协商的任何一方因下列事项向对方提出集体协商建议的，另一方不得拒绝或者拖延：

（一）需要裁减人员二十人以上或者裁减不足二十人但占企业职工总数百分之十以上的；

（二）劳动纠纷导致群体性停工、上访的；

（三）生产过程中发现存在重大事故隐患或者职业危害的。

第十六条　已经建立工会的企业，由工会代表职工向企业一方提出集体协商；企业一方建议开展集体协商的，应当向本企业工会提出。

尚未建立工会的企业，由上级工会指导职工推举的代表向企业一方提出集体协商；企业一方建议开展集体协商的，可以向本企业职工直接提出，也可以向上级工会提出。

第十七条　集体协商双方在正式协商前应当进行下列准备工作：

（一）自双方同意集体协商之日起十五日内产生协商代表，并书面告知对方；

（二）协商确定集体协商的时间、地点；

（三）搜集与本次集体协商议题有关的情况和资料；

（四）听取各有关方面对本次集体协商的意见和建议；

（五）了解与集体协商议题有关的法律、法规和其他有关规定；

（六）草拟集体协商议题的解决方案；

（七）其他需要准备的工作。

第十八条　集体协商会议由协商双方首席代表共同主持。提出协商议题的一方应当就议题的具体内容以及解决方案作出说明。

集体协商会议应当做好会议记录，协商双方首席代表应当在会议记录上签字。

协商双方可以就与协商议题相关的事项，要求对方提供相应的资料和说明。涉及企业商业秘密的，双方可以签订专门的保密协议。

第十九条　上级工会应当指导职工一方与企业进行集体协商，可以派员观察职工一方与企业的集体协商活动，或者按照本条例第七条的规定受聘担任职工一方的协商代表。

第二十条　企业合并、分立、重组的，合并、分立、重组后的企业应当就集体合同继续履行事宜，与职工一方进行集体协商。协商一致的，原集体合同可以继续履行；协商不一致的，企业与职工一方应当就与劳动关系有关的事项重新进行集体协商。

第二十一条　在进行集体协商期间，企业及其职工应当维护本企业正常的生产、工作秩序，不得采取任何影响生产、工作秩序或者社会稳定的行为。

企业不得采取下列行为：

（一）限制职工一方协商代表的人身自由，或者对其进行侮辱、威胁、恐吓、暴力伤害；

（二）拒绝或者阻碍职工进入劳动场所、拒绝提供生产工具或者其他劳动条件；

（三）拒绝提供与集体协商议题相关的资料或者提供虚假资料；

（四）其他干扰、阻碍集体协商的行为。

职工不得采取下列行为：

（一）限制企业一方人员的人身自由，或者对其进行侮辱、威胁、恐吓、暴力伤害；

（二）违反劳动合同约定，不完成劳动任务，或者以各种方式迫使企业其他员工离开工作岗位；

（三）破坏企业设备、工具等扰乱企业正常生产、工作秩序和社会公共秩序的行为；

（四）其他干扰、阻碍集体协商的行为。

第三章　集体合同

第二十二条　以签订集体合同为目的的集体协商，协商一致的，应当形成集体合同草案，经协商双方首席代表签字后，作为草案的正式文本提交职工代表大会或者全体职工讨论。职工一方的协商代表就集体协商的情况和集体合同草案的内容应当向职工代表大会或者全体职工作出说明。

集体合同草案经全体职工代表半数以上或者全体职工半数以上同意，方获通过。

第二十三条　集体合同草案经职工代表大会或者全体职工讨论通过后，由职工一方的首席代表将讨论通过的情况书面告知企业一方。企业自收到书面告知之日起十日内，负责将集体合同报送市或者区、县人力资源社会保障部门。

企业报送集体合同时，应当提交下列材料：

（一）由协商双方首席代表签署的集体合同文本；

（二）协商双方及其代表的基本情况；

（三）集体协商过程的情况说明；

（四）职工代表大会或者全体职工讨论通过集体合同草案情况的报告。

人力资源社会保障部门自收到集体合同文本之日起十五日内未提出异议的，集体合同即行生效。

第二十四条　企业与职工一方经集体协商，可以就工资调整机制、劳动安全或者女职工权益保护等专项内容签订专项集体合同。

第二十五条　集体合同期限一般为一至三年，工资专项集体合同期限一般为一年。

集体合同约定的劳动条件、劳动报酬等标准不得低于国家和市人民政府规定的最低标准。

企业与职工个人签订的劳动合同约定的劳动条件和劳动报酬等标准，或者企业规章制度规定的劳动条件和劳动报酬等标准，不得低于集体合同的规定。

第四章　行业性和区域性集体合同

第二十六条　区、县区域内的建筑、餐饮服务等行业，以及其他有条件开展集体协商的行业的工会，可以选派代表与行业协会或者企业推选的代表进行集体协商，签订行业性集体合同。

小微企业较为集中的街道（乡镇）、经济开发区、工业（科技）园区、商业区、商务楼宇等区域内的工会，可以选派代表与区域内不具备独立开展集体协商条件的企业推选的代表进行集体协商，签订区域性集体合同。

第二十七条　下列涉及本行业职工切身利益的事项可以进行行业性集体协商：

（一）本行业的最低工资标准；

（二）本行业工资调整的最低幅度；

（三）本行业同类工种的定额标准；

（四）本行业各工种、岗位的劳动安全和卫生标准；

（五）本行业各工种、岗位的职工培训制度；

（六）其他需要进行行业性集体协商的事项。

第二十八条　行业性集体合同草案应当取得本行业企业法定代表人的认可。

行业性集体合同草案应当经认可该草案的企业全体职工代表半数以上或者全体职工半数以上同意，方获通过。

第二十九条　下列涉及本区域职工切身利益的事项可以进行区域性集体协商：

（一）本区域的最低工资标准；

（二）本区域工资调整的最低幅度；

（三）其他需要进行区域性集体协商的事项。

第三十条　区域性集体合同草案应当取得本区域企业法定代表人的认可。

区域性集体合同草案应当经本区域职工代表大会，或者认可该草案的企业全体职工代表半数以上或者全体职工半数以上同意，方获通过。

第三十一条　行业性、区域性集体合同由企业方面代表或者工会负责将集体合同以及相关材料报送区、县人力资源社会保障部门。

人力资源社会保障部门自收到报送的集体合同之日起十五日内未提出异议的，集体合同即行生效。

第三十二条　依法订立的行业性、区域性集体合同对认可该集体合同的企业及其职工具有约束力，企业与其职工签订的集体合同及劳动合同中约定的劳动条件、劳动报酬等标准不得低于行业性、区域性集体合同约定的标准。

第五章　争议的处理

第三十三条　本市建立由政府有关部门、工会和企业方面代表组成的劳动关系三方协调机制。

第三十四条　职工一方或者企业一方无正当理由拒绝或者拖延另一方的集体协商要求，或者双方在集体协商过程中不能达成一致或者签订集体合同的，职工一方可以提请上级工会、企业一方可以提请企业方面代表进行指导。经指导仍未能达成一致的，集体协商的任何一方可以提请人力资源社会保障部门协调处理。集体协商双方未提请协调处理的，人力资源社会保障部门认为必要时，也可以进行协调处理。

职工一方提请指导、协调处理，已建立工会的，由工会提出；尚未建立工会的，由职工一方协商代表提出。

人力资源社会保障部门协调处理集体协商争议时，可以会同同级工会或者企业方面代表共同处理。

第三十五条　人力资源社会保障部门协调处理时，应当听取协商双方陈述各自意见，根据协商双方提供的证据材料对协商意见进行分析，并按照有关规定提出协调处理意见。

第三十六条　企业违反集体合同，侵犯职工劳动权益的，工会可以依法要求企业承担责任；因履行集体合同发生争议，经协商解决不成的，工会可以依法申请仲裁、提起诉讼。

第六章　法律责任

第三十七条　违反本条例规定，法律、行政法规有处理规定的，适用有关法律、行政法规的规定。

第三十八条　违反本条例第十条第二款规定，无正当理由调整职工一方协商代表工作岗位的，经协商代表本人提出，企业应当恢复其原工作岗位。

第三十九条　企业无正当理由拒绝或者拖延集体协商的，市和区、县总工会可以作出整改意见书，要求企业予以改正。

违反本条例第十五条第二款规定，拒绝或者拖延集体协商的，人力资源社会保障部门应当责令其改正。

企业拒不改正的，按照本市公共信用信息管理的相关规定将该信息纳入市公共信用信息服务平台。

第四十条　企业、职工违反本条例第二十一条规定，构成违反治安管理行为的，由公安机关依法处理；构成犯罪的，依法追究刑事责任。

符合《中华人民共和国劳动合同法》第三十八条、第三十九条规定情形的，企业、职工均可以依法解除劳动合同。

第七章　附　则

第四十一条　企业分支机构经企业法定代表人同意，与本分支机构的职工就劳动关系有关事项进行集体协商和签订、履行集体合同的，依照本条例执行。

个体经济组织、民办非企业单位等组织和与其建立劳动关系的本单位职工就劳动关系有关事项进行集体协商和签订、履行集体合同的，依照本条例执行。

第四十二条　本条例自 2008 年 1 月 1 日起实施。

上海市职工代表大会条例

（2010 年 12 月 23 日上海市第十三届人民代表大会常务委员会第二十三次会议通过　根据 2017 年 11 月 23 日上海市第十四届人民代表大会常务委员会第四十一次会议《关于修改〈上海市职工代表大会条例〉的决定》修正）

第一章　总　则

第一条　为了保障职工的民主权利，构建和谐稳定的劳动关系，促进职工和企业、事业单位以及民办非企业单位等组织共同发展，根据《中华人民共和国宪法》《中华人民共和国劳动法》《中华人民共和国工会法》《中华人民共和国公司法》《中华人民共和国劳动合同法》以及其他有关法律、行政法规，结合本市实际，制定本条例。

第二条　本市行政区域内的企业、事业单位以及民办非企业单位等组织

（以下统称“企事业单位”）建立和实施职工代表大会制度，适用本条例。

第三条　推进职工代表大会制度建设，应当坚持中国共产党的领导，促进劳动关系和谐发展。

第四条　企事业单位应当建立职工代表大会制度。

职工人数在一百人以上的企事业单位应当召开职工代表大会；职工人数不足一百人的企事业单位一般召开职工大会。

职工代表大会（或者职工大会，下同）是企事业单位实行民主管理的基本形式，是协调劳动关系的重要制度，是职工行使民主管理权力的机构。

职工代表大会应当充分发扬民主，实行少数服从多数的原则。

第五条　企事业单位应当保障职工代表大会依法行使职权，保障职工依法享有知情权、参与权、表达权和监督权。

职工通过职工代表大会依法参与企事业单位民主管理，支持企事业单位合法的生产经营和管理活动，维护自身合法权益。

企事业单位与本单位工会应当协商制定实行职工代表大会制度的具体办法，并纳入本单位的管理制度。

第六条　企事业单位的工会是职工代表大会的工作机构，承担职工代表大会的日常工作。

第七条　本市各级人民政府应当建立健全工作机制，通过与工会召开联席会议或者采取适当方式，推进本地区落实职工代表大会制度。

本市各级国有资产、教育、科技、文化、卫生等主管部门和人力资源社会保障等有关行政管理部门应当指导、督促、检查企事业单位实行职工代表大会制度。

第八条　上级工会、行业协会和相关企业联合组织应当指导和帮助企事业单位建立健全职工代表大会制度。

第二章　职　权

第九条　职工代表大会依法行使审议建议、审议通过、审查监督、民主选举、民主评议等职权。

第十条　下列事项应当向职工代表大会报告，接受职工代表大会审议，并通过职工代表大会听取职工的意见和建议：

（一）企事业单位的发展规划，年度经营管理情况和重要决策；

（二）企事业单位制订、修改、决定直接涉及职工切身利益的规章制度或者重大事项，以及改革改制中职工分流安置、经济补偿等劳动关系变更的方案；

（三）工会与企业就职工工资调整、经济性裁员、群体性劳动纠纷和生产过程中发现的重大事故隐患或者职业危害等事项进行集体协商的情况；

（四）职工代表大会工作机构的工作情况、联席会议协商处理的事项；

（五）国有、集体及其控股的企业、事业单位财务预决算等重要事项；

（六）法律法规规定或者企事业单位与工会协商确定应当向职工代表大会报告的其他事项。

企事业单位决定改制、合并、分立、搬迁、停产、解散、申请破产等重大问题，应当依照法律的规定，通过职工代表大会审议或者其他形式听取职工的意见和建议。

第十一条　下列事项应当向职工代表大会报告，并由职工代表大会审议通过：

（一）涉及劳动报酬、工作时间、休息休假、保险福利等事项的集体合同草案；

（二）工资调整机制、女职工权益保护、劳动安全卫生等专项集体合同草案；

（三）企事业单位因劳动关系变更方案引发群体性劳动纠纷，依照规定开展集体协商形成的专项集体合同草案；

（四）国有、集体及其控股企业的薪酬制度，福利制度，劳动用工管理制度，职工教育培训制度，改革改制中涉及的职工安置方案，以及其他涉及职工切身利益的重要事项；

（五）事业单位的职工聘任、考核奖惩办法，收益分配的原则和办法，职工生活福利制度，改革改制中涉及的职工安置方案，以及其他涉及职工切身利益的重要事项；

（六）法律法规规定或者企事业单位与工会协商确定应当提交职工代表大会审议通过的其他事项。

第十二条　下列事项应当向职工代表大会报告，并接受审查监督：

（一）职工代表大会提案办理情况；

（二）职工代表大会审议通过的重要事项落实情况；

（三）集体合同和专项集体合同履行情况；

（四）劳动安全卫生标准执行、社会保险费交缴、职工教育培训经费提取使用等情况；

（五）法律法规规定或者企事业单位与工会协商确定应当向职工代表大会报告并接受审查监督的其他事项。

第十三条 下列人员应当由职工代表大会民主选举产生：

（一）民主管理专门小组（委员会）成员；

（二）董事会和监事会中的职工代表；

（三）法律法规规定或者企事业单位与工会协商确定应当由职工代表大会民主选举产生的其他人员。

第十四条 下列人员应当接受职工代表大会的民主评议：

（一）董事会和监事会中的职工代表；

（二）国有、集体及其控股企业的高级管理人员，事业单位负责人，以及按照本市有关规定应当接受职工代表大会民主评议的其他人员；

（三）法律法规规定或者企事业单位与工会协商确定应当接受职工代表大会民主评议的其他人员。

第三章 职工代表

第十五条 企事业单位的职工可以当选为职工代表。

职工代表由职工民主选举产生，实行常任制，可以连选连任，任期与职工代表大会届期相同。

选举职工代表一般以分公司、分院（校）、部门、班组、科室等为选区。选举应当有选区全体职工三分之二以上参加，候选人获得选区全体职工半数以上赞成票方可当选。选举结果应当公布。

第十六条 职工代表的构成应当以一线职工为主体，中、高层管理人员不超过百分之二十，但跨地区、跨行业的大型集团型企业的比例可以适当提高。女职工代表比例一般与本单位女职工人数所占比例相适应。

教育、科技、文化、卫生等领域的企事业单位，职工代表应当以直接从事专业技术工作的人员为主体。

第十七条 职工代表的权利：

（一）在职工代表大会上，有选举权、被选举权、审议权和表决权；

（二）对涉及本单位发展和职工权益的重要事项有知情权、建议权、参与权和监督权；

（三）参加与职工代表履职相关的培训、检查等活动；

（四）因履职活动而占用生产、工作时间，按照正常出勤享受应得的待遇。

第十八条　职工代表的义务：

（一）学习、宣传有关法律法规和政策，提高自身素质，增强参与民主管理的能力，做好本职工作；

（二）联系选区职工，听取职工的意见和建议，表达职工的意愿和要求；

（三）执行职工代表大会决议，做好职工代表大会交办的各项工作；

（四）及时向选区职工通报参加职工代表大会活动和履行职责的情况，接受评议监督；

（五）模范遵守单位规章制度，保守商业秘密。

第十九条　职工代表出现缺额时，应当由原选区依照规定的民主程序及时补选。选举结果应当公布。

职工代表因无故不履行或者无法履行代表职责而被撤免的，应当经原选区全体职工半数以上同意。

第二十条　职工代表依法行使权利，任何组织和个人不得压制、阻挠和打击报复。

第四章　组织制度

第二十一条　企事业单位职工代表大会的职工代表名额，按照下列规定确定：

（一）职工人数在一百人至三千人的，职工代表名额以三十名为基数，职工人数每增加一百人，职工代表名额增加不得少于五名；

（二）职工人数在三千人以上的，职工代表名额不得少于一百七十五名；

（三）职工人数不足一百人，实行职工代表大会制度的，职工代表名额不得少于三十名。

职工代表大会可以根据需要设置列席代表。列席代表无表决权和选举权。

第二十二条　职工代表大会每届任期为三年至五年。职工代表大会因故需要延期换届的，延期时间不得超过一年。

职工代表大会每年至少召开一次会议。企事业单位、工会或者三分之一以上职工代表提议，可以召开职工代表大会。

第二十三条　职工代表大会选举产生的主席团主持会议，处理大会期间有关重大问题。

职工代表人数在三十人至一百人的，主席团可以设三至五人；职工代表人数在一百人以上的，主席团人数不得少于七人。主席团成员中，一线职工代表的比例不得少于百分之五十。

职工人数在三十人以下的，可以选举大会执行主席一人，主持召开职工大会。

第二十四条　职工代表大会可以设立若干民主管理专门小组（委员会），组织职工代表开展民主管理专项活动，办理职工代表大会交办的有关事项。专门小组（委员会）负责人由职工代表担任。

第二十五条　职工代表大会闭会期间，除法律法规规定应当提交职工代表大会审议通过的事项外，对需要及时处理的重要事项，企事业单位可以召开职工代表大会联席会议进行协商处理，处理结果应当向下一次职工代表大会报告。

联席会议由工会负责召集，由职工代表团（组）长、民主管理专门小组（委员会）负责人、主席团成员、工会委员会委员参加。

第二十六条　企事业单位下属的分公司（厂）、分院（校）应当建立职工代表大会制度，行使与其管理权限相对应的职工民主管理权利。

第二十七条　职工代表大会的经费由企事业单位在管理费用中列支。

第五章　议事规则

第二十八条　职工代表大会须有全体职工代表三分之二以上出席，方可召开。

第二十九条　职工代表大会的议题和议程，由企事业单位与工会协商确定。

第三十条　提交职工代表大会审议和审议表决的书面材料，应当在职工代表大会召开的七日前送交职工代表；职工代表团（组）应当组织职工代表讨论，由工会及时汇总整理职工代表团（组）的意见和建议。

职工代表对涉及职工切身利益的重要事项意见分歧较大的，由企事业单位和工会根据职工代表意见进行协商修改后，提交职工代表大会再次审议。

第三十一条　职工代表大会审议通过事项，应采取无记名投票方式，并须获得全体职工代表半数以上赞成票方可通过。

第三十二条　职工代表大会审议通过的事项和决议应当在职工代表大会闭会后向全体职工公布。

第三十三条　法律法规规定应当提交职工代表大会审议的事项，未按照法定程序提交的，企事业单位的工会有权以书面形式要求纠正，企事业单位应当根据工会的要求予以纠正，并给予书面答复。

法律法规规定应当提交职工代表大会审议通过的事项，未按照法定程序提交审议通过的，企事业单位就该事项作出的决定对本单位职工不具有约束力。

第三十四条　职工代表大会在其职权范围内审议通过的事项对本单位以及全体职工具有约束力，未经职工代表大会重新审议通过不得变更。

第六章　工作机构

第三十五条　企事业单位的工会在职工代表大会筹备和召开期间，履行下列职责：

（一）组织开展职工代表的选举、撤换、培训等工作；

（二）做好职工代表大会文件的准备工作；

（三）提出职工代表大会主席团成员、民主管理专门小组（委员会）成员候选人建议名单，董事会、监事会中的职工代表候选人建议名单；

（四）代表职工与企事业单位开展集体协商，形成集体合同草案、专项集体合同草案和起草说明、集体协商情况的报告等；

（五）组织职工代表团（组）在会前和会中对提交职工代表大会审议和审议表决的事项进行讨论，汇总整理意见，并与企事业单位协商修改；

（六）负责职工代表大会其他筹备和组织工作。

第三十六条　企事业单位的工会在职工代表大会闭会期间，履行下列职责：

（一）动员职工执行职工代表大会决议，督促决议的落实和提案的办理；

（二）建立与职工代表的联系制度，受理职工代表的申诉和提案，维护职工代表的合法权益；

（三）组织职工代表、民主管理专门小组（委员会）开展提案、巡视检查、质量评估等日常民主管理活动；

（四）完成职工代表大会交办的其他工作。

第三十七条　企事业单位的工会应当在职工代表大会闭会之日起七个工作日内，将会议的有关情况报告上一级工会。

第七章　区域性、行业性职工代表大会

第三十八条　社区、产业园区、商业街区、商务楼宇等同一区域内的企业可以联合建立区域性职工代表大会。生产经营业务相同或者相近的企业可以联合建立行业性职工代表大会。

区域性、行业性职工代表大会的工作机构是区域、行业工会。

第三十九条　乡、镇人民政府和街道办事处应当积极推动实施区域性、行业性职工代表大会制度，支持和保障职工代表大会制度的正常运行，确定相关职能部门履行下列职责：

（一）组织、协调区域性、行业性职工代表大会制度的建立；

（二）指导、督促区域性、行业性职工代表大会落实本条例各项规定、行使各项职权；

（三）会同工会和企业联合组织等确定实施区域性、行业性职工代表大会制度的召集人和责任人；

（四）督促落实区域性、行业性职工代表大会决议；

（五）会同工会和企业联合组织依法对违反本条例规定的企业提出处理建议。

第四十条　区域性、行业性职工代表大会行使下列职权：

（一）听取区域、行业内企业执行劳动法律法规和政策情况报告，区域、行业劳动关系状况报告，并提出意见和建议；

（二）审议区域、行业内企业有关劳动报酬、工作时间、休息休假、劳动安全卫生、保险福利、职工培训，以及劳动定额等直接涉及职工切身利益的重大事项，提出意见和建议；

（三）审议通过区域性、行业性集体合同草案和专项集体合同草案；

（四）审查监督区域、行业内企业执行劳动法律法规和区域性、行业性职工代表大会决定事项的情况，履行区域性、行业性集体合同和专项集体合同及缴纳社会保险费等情况；

（五）其他应当由区域性、行业性职工代表大会行使的职权。

第四十一条　区域性、行业性职工代表大会的职工代表人数和构成，由区域、行业工会与区域、行业内企业协商确定，并根据实际设立选区，组织职工按比例民主选举产生职工代表。

区域性、行业性职工代表大会的职工代表总数不得少于三十人，其中企业经营管理者不得超过百分之三十，一线职工不得少于百分之五十。

第四十二条　区域性、行业性职工代表大会通过的集体合同、专项集体合同以及有关决议应当向全体职工公布。

第四十三条　区域性、行业性职工代表大会的组织制度、议事规则、工作机构的职责等参照企事业单位职工代表大会的有关规定实施。

第八章　监督检查和法律责任

第四十四条　市和区人力资源社会保障行政管理部门，同级工会和企事业单位代表，通过劳动关系三方协商机制，共同推进企事业单位建立健全职工代表大会制度。

第四十五条　市和区人力资源社会保障行政管理部门与同级工会对企业执行劳动保障法律法规情况开展联合监督检查时，应当检查企业实行职工代表大会制度的情况。

第四十六条　市和区总工会应当将企事业单位实行职工代表大会制度的情况纳入工会劳动法律法规监督检查的内容。对企事业单位违反本条例规定的行为，可以发出工会劳动法律监督整改意见书，要求企事业单位在九十日内予以改正。对企事业单位逾期不改正的，市和区总工会可以根据需要向同级国有资产、教育、科技、文化、卫生等主管部门和人力资源社会保障等行政管理部门提出工会劳动法律监督处理建议书。

对违反本条例规定引发群体性劳动纠纷的企事业单位，以及工会开具劳动法律监督处理建议书的企事业单位，国有资产、教育、科技、文化、卫生等主管部门和人力资源社会保障等行政管理部门应当依法进行调查处理，督促企事业单位在三十日内予以改正。

对企事业单位逾期仍不改正的，由市总工会按照本市社会信用管理的相关规定将该信息纳入市公共信用信息服务平台。对违反劳动保障法律法规的，由人力资源社会保障行政管理部门依法作出行政处理。

第四十七条　企事业单位与工会因实施职工代表大会制度的事项发生争议，双方应当协商解决；协商不成的，提请上级工会与有关主管部门协调解决。

第四十八条　企事业单位违反本条例规定，有下列行为之一的，由市和区人民政府以及国有资产、教育、科技、文化、卫生等主管部门和人力资源社会保障等行政管理部门责令改正，对企事业单位法定代表人和有关责任人给予批评教育；拒不改正的，依法处理：

（一）阻挠建立职工代表大会制度的；

（二）妨碍职工代表大会依法行使职权的；

（三）应当提交职工代表大会审议和审议通过的事项，未按照法定程序提交，给职工造成损害的；

（四）擅自变更或者拒不执行职工代表大会决议并侵害职工权益的。

第四十九条　企事业单位法定代表人和其他管理人员对职工代表进行侮辱、诽谤或者以暴力、威胁等手段进行打击报复、人身伤害的，公安机关依法给予治安处罚；造成严重后果构成犯罪的，依法追究刑事责任。

企事业单位工会负责人不按照本条例规定履行职责，对职工权益造成损害的，由市和区、产业（局）工会责令限期改正，情节严重的，依法予以罢免。

第五十条　市和区人民政府有关部门及其工作人员违反本条例规定，玩忽职守、滥用职权、徇私舞弊的，由其所在单位或者上级主管部门依法给予行政处分；构成犯罪的，依法追究刑事责任。

第九章　附　则

第五十一条　本条例自 2011 年 5 月 1 日起施行。

上海市集体合同审查办法

（2008 年 8 月 5 日）

为进一步规范集体协商和签订、履行集体合同的行为，保护劳动者的合法权益，构建和发展和谐稳定的劳动关系，现根据《中华人民共和国劳动合同法》《上海市集体合同条例》《集体合同规定》等相关规定，现对本市集体合同的审查工作制定如下办法：

一、市劳动保障行政部门受理审查范围

1. 市属国有企业及其控股的外资企业，以及注册资金一千万美元（或者相当于一千万美元）以上的外商独资企业的集体合同；

2. 人力资源和社会保障部根据《集体合同规定》指定由市劳动保障行政部门审查的集体合同；

3. 本市行政区域内，市劳动保障行政部门认为需要由其审查的其他集体合同。

二、区县劳动保障行政部门受理审查范围

1. 各区县行政区域内除应由市劳动保障行政部门审查范围之外的企业的集体合同；

2. 各区县行政区域内的行业性、区域性集体合同；

3. 各区县行政区域内的个体经济组织、民办非企业单位的集体合同。

浦东新区劳动保障行政部门负责审查浦东新区行政区域内除国家特别指定由市劳动保障行政部门审查之外的各类集体合同。

三、报送审查时限

1. 企业集体合同报审时限

企业与职工一方签订或者变更集体合同，集体合同草案经职工代表大会（或全体职工）讨论通过后，由职工一方的首席协商代表将讨论通过的情况书面告知企业一方。企业自收到书面告知之日起十日内，负责将集体合同报送劳动保障行政部门审查。

2. 行业性和区域性集体合同报审时限

行业性集体合同草案经认可该草案的企业全体职工代表半数以上或者全体职工半数以上同意，方获通过。

区域性集体合同草案经本区域职工代表大会，或者认可该草案的企业全体职工代表半数以上或者全体职工半数以上同意，方获通过。

行业性、区域性集体合同由企业方面代表或者工会组织在草案通过后十日内将集体合同以及相关材料报送劳动保障行政部门审查。

四、报送材料

1. 报送企业集体合同，应当提供下列材料各一份：

（1）企业集体合同；

（2）企业集体合同送审表（附件 1）；

（3）企业营业执照复印件；

（4）企业工会法人证书（或者工会委员会成立批复）复印件；

（5）协商代表基本情况表（附件 2）；

（6）职工代表大会或者全体职工讨论通过集体合同草案的决议。

企业分支机构报送集体合同还应提供上级具有法人资格的企业营业执照复印件与上级法人授权分支机构负责人与分支机构职工方进行集体协商，签订集体合同的书面委托材料。

2. 报送行业性或区域性集体合同，应当提供下列材料各一份：

（1）行业性或区域性集体合同；

（2）行业性或区域性集体合同送审表（附件 3）；

（3）企业认可行业性或区域性集体合同的证明材料（附件 4)；

（4）认可行业性或区域性集体合同的企业营业执照复印件；

（5）工会组织主体资格证明复印件；

（6）企业方面代表产生的证明材料（附件 5）；

（7）职工方代表产生的证明材料；

（8）行业性或区域性协商代表基本情况表（附件 6）；

（9）区域职工代表大会同意区域性集体合同草案的证明材料，或者认可行业性或区域性集体合同草案的企业全体职工代表半数以上或者全体职工半数以上同意该草案的证明材料。

五、审查时限

劳动保障行政部门于收到报送材料后开具《集体合同受理回执》（附件 7）。

劳动保障行政部门自收到报送材料之日起 15 日内未提出异议的，集体合同即行生效。

集体合同生效后，双方协商代表应当及时以适当的形式向本方全体人员公布。

劳动保障行政部门对报送的集体合同有异议的，应当自收到报送材料之日起 15 日内将审查意见告知报送单位或组织，并发出《集体合同审查意见书》（附件 8）。

劳动保障行政部门对集体合同提出异议的，集体协商当事人双方可就异议事项重新协商。重新签订集体合同的，应按照本通知第三、四条规定的程序和时限将集体合同文本及相关材料报送劳动保障行政部门审查。

六、保存期限

各级劳动保障行政部门应当按照国家有关规定对受理的集体合同进行保管。集体合同期满后，各级劳动保障行政部门继续保存的期限为 2 年。

七、附则

个体经济组织、民办非企业单位等组织报送审查集体合同的，依照企业报送审查集体合同的规定办理。

本通知自发文之日起施行。原上海市劳动和社会保障局沪劳保关发〔2004〕21 号文件同时废止。

附件：1.《企业集体合同送审表》（略）

2.《协商代表基本情况表》（略）

3.《行业性 / 区域性集体合同送审表》（略）

4. 企业认可行业性 / 区域性集体合同的证明材料（略）

5. 企业方面代表产生的证明材料（略）

6.《行业性 / 区域性协商代表基本情况表》（略）

7.《集体合同受理回执》（略）

8.《集体合同审查意见书》（略）

上海市企业工资支付办法（摘录）

（2016 年 6 月 27 日）

……

九、劳动者在依法享受婚假、丧假、探亲假等假期期间，用人单位应当按国家规定支付假期工资。假期工资的计算基数按以下原则确定：

（一）劳动合同有约定的，按不低于劳动合同约定的劳动者本人所在岗位（职位）相对应的工资标准确定。集体合同（工资集体协议）确定的标准高于劳动合同约定标准的，按集体合同（工资集体协议）标准确定。

（二）劳动合同、集体合同均未约定的，可由用人单位与职工代表通过工资集体协商确定，协商结果应签订工资集体协议。

（三）用人单位与劳动者无任何约定的，假期工资的计算基数统一按劳动者本人所在岗位（职位）正常出勤的月工资的 70% 确定。

按以上原则计算的假期工资基数均不得低于本市规定的最低工资标准。法律、法规另有规定的，从其规定。

十、用人单位确因生产经营困难，资金周转受到影响，暂时无法按时支付工资的，经与本单位工会协商一致，可以延期在一个月内支付劳动者工资，延期支付工资的时间应告知全体劳动者，并报主管部门备案，无主管部门的报市或区、县劳动保障行政部门备案。

图书在版编目（CIP）数据

集体协商、职工代表大会工作实务操作手册 / 上海市总工会编.
—北京：中国工人出版社，2020.10
ISBN 978-7-5008-7508-6

Ⅰ.①集…　Ⅱ.①上…　Ⅲ.①工会工作—中国—手册 ②劳动关系—中国—手册
③职工代表大会—工作—中国—手册　Ⅳ.①D412.2-62 ②F249.26-62

中国版本图书馆CIP数据核字（2020）第203485号

集体协商、职工代表大会工作实务操作手册

出 版 人	王娇萍
责任编辑	赵晨羽
责任印制	栾征宇
出版发行	中国工人出版社
地　　址	北京市东城区鼓楼外大街45号　邮编：100120
网　　址	http://www.wp-china.com
电　　话	（010）62005043（总编室）　（010）62005039（印制管理中心） （010）82075935（工会与劳动关系分社）
发行热线	（010）62005996　82029051
经　　销	各地书店
印　　刷	天津中印联印务有限公司
开　　本	700毫米×1000毫米　1/16
印　　张	16.25
字　　数	200千字
版　　次	2021年1月第1版　2024年9月第5次印刷
定　　价	56.00元